Benjiao Hou

Les jeunes immigrants invisibles dans le réseau d'intervention

Benjiao Hou

Les jeunes immigrants invisibles dans le réseau d'intervention

psychosociale Adéquation des services aux jeunes issus des familles immigrantes chinoises vivant aux pays occidentaux

Éditions Vie

Imprint
Any brand names and product names mentioned in this book are subject to trademark, brand or patent protection and are trademarks or registered trademarks of their respective holders. The use of brand names, product names, common names, trade names, product descriptions etc. even without a particular marking in this work is in no way to be construed to mean that such names may be regarded as unrestricted in respect of trademark and brand protection legislation and could thus be used by anyone.

Cover image: Fourni par l'auteur

Publisher:
Éditions Vie
is a trademark of
Dodo Books Indian Ocean Ltd., member of the OmniScriptum S.R.L Publishing group
str. A.Russo 15, of. 61, Chisinau-2068, Republic of Moldova Europe
Printed at: see last page
ISBN: 978-613-9-59022-3

Illustré par Zhenai Xiao, 23 ans

Titre : Les jeunes immigrants invisibles dans le réseau d'intervention psychosociale

Sous-titre : Adéquation des services aux jeunes issus des familles immigrantes chinoises vivant aux pays occidentaux

Titre : Les jeunes immigrants invisibles dans le réseau d'intervention psychosociale
Sous-titre : Adéquation des services aux jeunes issus des familles immigrantes chinoises vivant aux pays occidentaux

Résumé

L'immigration a une immense influence sur la vie de l'individu surtout chez les jeunes. Elle fait vivre à ces derniers une accumulation de stress généré par une série de changements simultanés développementaux et culturels. Depuis les années 1980, la population des jeunes issus des familles immigrantes chinoises augmente rapidement dans les pays occidentaux. Elle affronte diverses problématiques liées aux difficultés d'apprentissage de la langue, à la mauvaise adaptation psychosociale et comportementale face au choc culturel, à la crise d'identité et au fossé entre parents et adolescents qui se posent dans la société d'accueil. Le réseau des services sociaux de la société d'accueil, dominé par le regard occidental dans l'élaboration des problématiques et les pratiques visant le bien-être de l'enfant, arrive à peine à leur porter de l'aide. Cet ouvrage a pour objectifs : de mieux faire connaître cette population ainsi que ses difficultés rencontrées tout au long du processus d'intégration à la société d'accueil, de proposer des pistes d'améliorations aux services et de prévenir les problèmes sociaux chez cette population. Il retrace l'histoire de l'immigration chinoise au Canada et l'émergence de réseaux d'aide ethnoculturel dans la communauté. Il met en évidence l'influence de la culture d'origine chinoise dans l'éducation, l'interaction parent – enfant et les différents modèles d'intégration des immigrants chinois d'outre-mer face à la confrontation culturelle. Par cinq études de cas, il fait ressortir les difficultés rencontrées par ces jeunes et leur famille, la perception et les besoins des ceux-ci quant à l'aide ainsi que les stratégies mises en place pour les aider. Cet ouvrage adopte l'approche écologique comme cadre conceptuel d'analyse et l'approche interculturelle servant d'outil de travail pour réconcilier le fossé entre les familles chinoises et la société d'accueil. Il s'adresse aux étudiants, aux enseignements, aux chercheurs et à tous les professionnels qui travaillent auprès des familles immigrantes, ainsi qu'à toute personne qui s'intéresse à l'immigration et de l'intégration des jeunes dans le pays d'accueil.

Liste des sigles et acronymes

AAOR Accueil, analyse, orientation et référence

CISSS Centre intégré de santé et de services sociaux

CIUSSS Centre intégré universitaire de santé et de services sociaux

CJ Centre jeunesse

CLSC Centre local de services communautaires

COFI Centres d'orientation et de formation des immigrants

CPE Centre de la petite enfance CSSS Centre de santé et de services sociaux

DPJ Directeur (direction) de la protection de la jeunesse

LPJ Loi sur la protection de la jeunesse

LSSSS Loi sur les services de santé et les services sociaux

MSSS Ministère de la Santé et des Services sociaux

SFCGM Service à la famille chinoise du grand Montréal

Table des matières

À ma grand-mère, Huiqing Li (1911-1984),
en recherche d'autonomie,
comme beaucoup d'autres femmes,
dans les années les plus agitées
de la Chine contemporaine.

Remerciements

À la réalisation de ce rapport de pratique, je dois d'abord remercier les familles avec qui j'ai travaillé pendant le stage et qui m'ont accordée leur pleine confiance, de sorte que j'ai pu partager leur vécu. Leurs souffrances et leurs douleurs inhérentes à la vie immigrante, ainsi que leur détermination à continuer de croire en l'avenir, ont été une source de motivation et d'inspiration dans ce travail.

Je veux aussi remercier plusieurs personnes, qui ont contribué à la réalisation de ce travail. D'abord, Madame Hélène Durocher, « notre » secrétaire et amie, qui par ses suggestions pertinentes, m'a aidée à avancer sans détours. Sa sympathie et sa compréhension m'ont été d'un grand réconfort dans les moments difficiles. Ensuite, un gros merci au Professeur Marie Lacroix. Avec ses connaissances profondes du vécu de la vie des immigrants, elle a été un appui du début à la fin de mes études. Enfin, Je ne peux passer sous silence la compréhension et les efforts du Professeur Diane , qui a su faire les arrangements nécessaires pour faciliter le stage.

La réalisation de ce travail est attribuable aussi au Service à la famille chinoise du Grand Montréal et à sa directrice, Madame May Chu, qui a fait preuve d'une grande ouverture d'esprit aux pratiques psychosociales dans le contexte d'organisme communautaire. Un merci à un ami spécial, Monsieur Jean Léon Legros, mon ancien professeur de français au Collège Bois-de-Boulogne, pour ses encouragements et ses efforts dans mon apprentissage du français.

Pendant mes études, j'ai vécu un divorce, comme l'ont déjà vécu d'autres familles immigrantes, en lien avec le contexte de l'immigration. Cette expérience personnelle a été l'occasion de réfléchir sur la nature humaine, de rechercher les moyens possibles pour éviter les tragédies personnelles et familiales, surtout chez l'enfant en contexte de transition culturelle, familiale et développementale. Ce travail est donc aussi pour ma fille, Zhenai Xiao, qui a aujourd'hui sept ans. Elle a démontré beaucoup de compréhension, en sacrifiant ses moments de loisirs pour me permettre de me consacrer à mes études. Ma pensée va également aux autres enfants, car ce travail a pour objectif de faciliter leur intégration à la société d'accueil.

Avant-propos

En 2003 au moment de l'éclosion de l'épidémie SRAS, j'étais en train de faire mon stage au SFCGM où je côtoyais des familles chinoises et de leur enfant en difficulté. L'éclosion a mis énormément de pression sur eux et surtout sur les enfants asiatiques de cette génération.

Aujourd'hui, face à la pandémie Covid-19 qui ravage la planète entière depuis plus d'un an et demi et qui continue à hanter les gens des quatre coins du monde, la communauté immigrante chinoise a une fois de plus été mise au-devant de la scène. De nombreuses personnes innocentes, âgées ou jeunes, ont été les cibles d'attaques haineuses à caractère raciste. J'espère que ce livre pourra servir d'un pont pour réconcilier le fossé entre les familles chinoises et la société d'accueil, et surtout pour faciliter le processus d'intégration de ces jeunes puisque grandir dans des pays occidentaux leur constitue toujours un défi. Pour la publication de ce livre, une révision a été faite afin de faciliter la lecture et des références plus récentes ont été ajoutées.

Montréal, le 07 juin 2021.

Tous les noms utilisés dans les études de cas
sont modifiés pour raison de confidentialité.

Adéquation des services aux familles immigrantes chinoises pour promouvoir le bien-être et pour prévenir les problèmes sociaux chez les jeunes – Cadre théorique et les interventions en milieu de stage

Introduction

Depuis les années 1980, la population des jeunes issus des familles immigrantes chinoises à Montréal augmente rapidement. Diverses problématiques liées aux difficultés d'apprentissage de la langue française, à la mauvaise adaptation psychosociale et comportementale face au choc culturel, à la crise d'identité et au fossé entre parents et adolescents se posent dans la société d'accueil.

De nombreuses recherches démontrent que les jeunes immigrants constituent une population à haut risque, parce qu'ils vivent simultanément une situation dévelopementale et culturelle qui leur font vivre une accumulation de stress, ce que Baptiste (1990) appelle *built-up stress*. Les jeunes immigrants disposent de ressources limitées pour faire face à leurs multiples besoins. L'immigration coupe les jeunes immigrants des sources d'appui extrafamiliales, comme les pairs, la famille élargie, les camarades et les voisins. De leur côté, leurs parents affrontent les problèmes liés à l'immigration : situation financière précaire, difficultés à communiquer avec les citoyens appartenant à la culture dominante imputables à la barrière de la langue et au choc culturel. Dans ce contexte, leur capacité à apporter une aide efficace à leurs enfants devient de plus en plus limitée.

En ce qui a trait aux ressources offertes aux jeunes par le réseau des services sociaux de la société d'accueil, on remarque malheureusement que le point de vue occidental domine l'élaboration des problématiques et les pratiques visant le bien-être de l'enfant, et que, souvent, la perspective de la famille immigrante se trouve absente de la planification des services adaptés à leurs besoins. Cette lacune pourrait expliquer en partie le non-recours par les familles chinoises aux ressources du réseau et le peu d'utilisation de ces ressources par les jeunes issus des familles immigrantes chinoises. Les conséquences sont assez inquiétantes. Ceux-ci vivent difficilement entre la société d'accueil et la famille, ou à l'extérieur des deux.

Au Québec, le contexte d'intégration des enfants issus de la communauté chinoise est encore plus aggravé par le fait que ces derniers font face au dilemme de s'adapter à trois cultures (chinoise à la maison, française à l'école et anglaise quant à la culture populaire et profesionnelle) et à trois langues différentes. Face à cette intégration exgigeante, soit dans la pratique, soit dans la recherche, nous remarquons néanmoins que le réseau institutionnel comme celui du CLSC ou les organismes communautaires ne disposent que peu de ressources d'accompagner ces jeunes et leur famille au long de ce processus de l'intégration multilangagière et multiculturelle. Pour mieux comprendre cette situation où les familles chinoises et leurs enfants sont quasiment « invisibles » dans le réseau d'aide de la société d'accueil, nous avons décidé de consacrer notre stage à étudiier ce phénomène.

L'adaptation des jeunes issus de familles immigrantes se situe toujours au centre de nos préoccupations. Depuis 2002, nous nous sommes rendue compte de problèmes auxquels les familles immigrantes chinoises pourraient être confrontées par rapport à leurs enfants. D'abord, à cette époque, plusieurs incidents familiaux tragiques qui ont eu lieu aux États-Unis concernant l'application de la Loi de la protection de la jeunesse ont provoqué un vif émoi chez les Chinois, tant à l'intérieur qu'à l'extérieur de la Chine[1]. À travers ces événements, de nouveaux concepts liés aux droits des enfants et aux interventions étatiques (comme le fonctionnement de la Direction de la protection de la jeunesse au Québec) ont été pour la première fois introduits dans le peuple chinois[2]. À cause du manque de connaissances générales

---

[1] http://www.caofund.org/justice.ehtml

[2] Le texte sur « L'évolution de l'intervention étatique sur la protection de la jeunesse en Chine » (annexe 1) a pour but de comparer différents états de l'intervention étatique entre la société d'accueil et la Chine.

dans ce nouveau domaine, différentes spéculations concernant l'application de cette loi sont véhiculées dans la communauté immigrante chinoise, et ceci provoque une inquiétude générale chez les parents chinois quant à l'intervention de la DPJ. À la suite de ces événements, de plus en plus de reportages parus dans les médias chinois révèlent une situation plutôt inquiétante quant à diverses difficultés que vivent les jeunes immigrants chinois dans leur société d'accueil.

Pour comprendre le fonctionnement de la Direction de la protection de la jeunesse et sa capacité à aider les jeunes en difficulté, nous avons effectué la première partie de notre stage au programme des familles d'accueil au Centre jeunesse Batshaw, à Montréal. Cette expérience nous a permis de réaliser que l'intervention clinique (*case work*) pratiquée au Centre jeunesse n'a lieu qu'au moment où les problèmes sont déjà aigus, et que ces problèmes-là sont très différents de ceux que vivent de jeunes chinois en difficulté et de leur famille.

Afin d'approfondir nos connaissances sur les besoins de cette communauté, de recueillir des données sur ses caractéristiques, pour être au fait de ce que pensent les différents intervenants sociaux œuvrant sur le terrain et dans le souci d'explorer d'autres moyens efficaces pour aider les jeunes et leur famille au long de leur adaptation à la vie immigrante, nous avons réalisé la deuxième partie de notre stage dans un organisme communautaire, où nous avons travaillé auprès des mères et des familles cherchant de l'aide pour leurs enfants. Cette expérience nous a permis de témoigner le rôle à la fois important et limité joué de l'organisme communautaire pour assurer le bien-être de l'enfant issue de la communauté immigrante. C'est alors que nous avons commencé à réfléchir sur les questions concernant l'adéquation des services aux familles immigrantes chinoises pour promouvoir le bien-être et pour prévenir les problèmes sociaux chez les jeunes.

Au cours de notre stage, nous avons cherché à comprendre comment les familles immigrantes chinoises conçoivent le bien-être de leurs enfants. Nous avons voulu faire ressortir les difficultés que vivent les jeunes chinois dans leur intégration à la société d'accueil et identifier les besoins des familles pour venir à bout de leurs difficultés. Nous avons fait ceci dans le but de mieux faire connaître cette population, de proposer des pistes d'améliorations aux services et pour prévenir les problèmes sociaux chez les jeunes chinois.

Voici quelques-unes des questions auxquelles nous avons tenté de répondre :

1. Quelles sont les difficultés que les jeunes chinois rencontrent dans leur société d'accueil ?
2. Comment les familles immigrantes chinoises conçoivent-elles le bien-être de l'enfant ?
3. Quelles sont les stratégies que les familles chinoises appliquent tout au long du processus d'intégration de l'enfant chinois dans la société d'accueil ?
4. De quoi les familles immigrantes chinoises ont-elles besoin pour résoudre les difficultés que vivent leurs enfants ?
5. À quels services les familles chinoises (enfants ou parents) recourent-elles et comment perçoivent-elles l'adéquation des services ?
6. Quelles sont les actions prioritaires à envisager pour résoudre les difficultés que vivent les enfants chinois tout au long du processus d'intégration dans leur société d'accueil ?

Pour mieux comprendre le contexte dans lequel vivent les jeunes chinois, au premier chapitre, nous avons recensé la documentation décrivant leurs difficultés dans la société d'accueil. Au chapitre II, nous avons présenté l'approche écologique comme cadre théorique d'analyse. Nous avons commencé par retracer l'histoire de l'immigration chinoise au Canada et l'émergence de réseaux d'aide dans la société d'accueil. Pour arriver à comprendre l'importance d'engager la famille dans les interventions concernant le bien-être de l'enfant, nous avons porté une analyse de l'influence de la culture d'origine dans l'éducation de l'enfant comme la structure de la famille chinoise et les facteurs positifs dans l'interaction entre parents et enfants. Notre analyse au niveau du macrosystème sur les politiques concernant l'intégration des familles immigrantes vise à démontrer les influences de ces politiques sur les modèles d'adaptation des jeunes issus des familles immigrantes dans la société d'accueil. Nous avons également évoqué les différents modèles d'intégration des immigrants chinois d'outre-mer et surtout l'adaptation des enfants issus des communautés non européennes, telle que l'adaptation des jeunes d'origine chinoise face à la confrontation culturelle, dans le but de dégager les différences et leurs impacts sur les interventions auprès de la population ciblée.

Au chapitre III, nous avons présenté et analysé les différents types d'interventions que nous avions réalisées au milieu de notre stage : le Centre jeunesse Batshaw et le Service à la famille chinoise du Grand Montréal (SFCGM). Par cinq études de cas, nous essayons de mettre en lumière les difficultés que vivent des jeunes et de leur famille, la perception et les besoins de ces familles quant à l'aide, et les statégies mises en place pour les aider. Le groupe de mères et le groupe de femmes chinoises enceintes, créés pendant notre stage, s'avèrent des actions concrètes à entreprendre pour rendre les services plus adéquats et pour faciliter l'adaptation des familles chinoises et de leurs jeunes.

Chapitre 1

Les problèmes inhérents au processus d'intégration des jeunes issus de la communauté immigrante chinoise dans le pays d'accueil

1.1. Les difficultés particulières rencontrées par les jeunes issus des familles immigrantes dans la société d'accueil

Pour les jeunes immigrants, les caractéristiques du stress causé par la vie immigrante sont aiguës en ce qui a trait à la formation de l'identité, du sentiment d'appartenance et du contrôle de leur vie (Grinberg et Grinberg, 1989), surtout chez les adolescents.

Au Québec, des chercheurs (Laperrière, 1983 ; Latif, 1988 ; McAndrew, 1988 ; Rousseau, Corin et Renaud, 1989, cité par Terrisse, Trottier et Chevarie, 1994) mentionnent que les enfants issus des minorités ethnoculturelles immigrées présenteraient des risques plus élevés d'inadaptation sociale et scolaire que les enfants québécois non immigrants. Les problématiques constatées dans les classes d'accueil concernent les retards et les difficultés qui aboutissent au « décrochage » scolaire. Les explications pour cerner l'étiologie de ce problème sont les suivantes : prévalence du statut socioéconomique faible chez les immigrants récents (le taux de chômage serait deux fois plus élevé que dans l'ensemble de la population) ; expériences traumatisantes vécues antérieurement dans le pays d'origine, liées très souvent à des conflits armés ou à des bouleversements politiques (statut de réfugié) ; difficultés d'adaptation linguistique ; éclatement de la cellule familiale lors de l'immigration ; changement de milieu de vie (d'une société rurale à une société urbaine) (Terrisse, *et al.*, 1994).

Dans leur recherche, Legault et Fortin (1996) analysent les problèmes sociaux et culturels que vivent des familles immigrantes récentes « idéales » et composées majoritairement d'Arabes. Les membres de ces familles ont une bonne connaissance du français, un niveau d'éducation enviable et des habiletés à intégrer le marché du travail. Cependant, elles placent les problèmes de communication au deuxième rang de leurs préoccupations, alors que les intervenants du réseau des CLSC les classent au quatrième rang, sur un total de sept problèmes sociaux priorisés (Legault et Fortin, 1996 : 417). Le souci prioritaire pour 53 % des familles est d'améliorer les conditions de vie future de leurs enfants. Les familles accordent la priorité aux problèmes de manque de socialisation de leurs jeunes enfants et à l'absence d'un contexte favorable à leur développement. Elles suggèrent que :

> Des programmes susceptibles de répondre aux problèmes susmentionnés doivent être des programmes visant prioritairement les enfants tout en ayant une dimension qui permet d'impliquer les mères et leurs problèmes spécifiques. Ces programmes, centrés sur les enfants et leur développement, donneraient aux mères une occasion de socialisation et d'ouverture leur permettant de mieux se familiariser avec les mécanismes, les ressources et l'univers culturel de la société d'accueil (Legault et Fortin , 1996 : 430).

Legault et Fortin concluent que pour les familles qui ne parlent pas la langue ou qui s'expriment peu en français, le fait de vivre à Montréal peut constituer une source de difficultés, doublée de l'impression de se sentir marginalisées. Cependant, la question de l'identité n'est pas traitée dans cette recherche.

Terrisse *et al.* (1994) mentionnent qu'une des causes des problèmes d'adaptation des enfants issus des communautés immigrantes est l'écart existant entre les valeurs, les attitudes et les pratiques éducatives familiales de nombreuses communautés immigrées et celles de la société d'accueil. L'enfant immigré serait soumis à une distorsion entre les valeurs éducatives de la famille et les valeurs de la culture dominante véhiculées par l'école, et cet éloignement culturel entre les deux systèmes de valeurs est renforcé par les difficultés scolaires, sociales et émotionnelles que les enfants ont vécues. Pour se conformer aux valeurs enseignées à l'école, l'enfant est obligé de rejeter certaines valeurs familiales propres à sa culture. Certaines valeurs de la société québécoise comme le rejet de l'autorité et des hiérarchies sociales, l'absence d'une morale forte et unique, les valeurs égalitaires et libertaires (Laperrière, 1983) ne concordent pas avec les pratiques éducatives familiales peu portées à valoriser les comportements visant l'autonomie, la créativité, l'expression de soi et l'analyse critique (Morin, 1988). Ces écarts peuvent entraîner des conflits entre les parents immigrants et l'école, et ceci rend les parents agressifs et méfiants envers l'école, car ils saisissent mal ces exigences ou cette permissivité (McAndrew, 1988).

D'un autre côté, les enseignants et les intervenants sociaux méconnaissent les aspirations éducatives des parents, leurs valeurs et leurs besoins (Terrisse *et al.*, 1994), et les enfants portent donc le poids des tensions dans leurs efforts d'intégration.

1.2. Les difficultés qu'affrontent les jeunes issus des familles immigrantes chinoises dans la société d'accueil

Les analyses effectuées auprès des communautés immigrantes en général au Québec ont déjà mis en lumière les explications sociologiques de la situation précaire de la famille immigrante qui exercent une influence directe sur la vie de leurs enfants. Pour la communauté chinoise, les thèmes de l'exclusion de la culture dominante causée par la barrière de la langue et par le choc culturel, la situation financière détériorée par le chômage ou l'emploi précaire, le manque de soutien de la famille élargie, l'insécurité identitaire, les problèmes liés à la santé mentale provoqués par le stress sont aussi identifiés dans les recherches. Les problèmes de santé mentale sont toujours peu documentés (Jung, 1984) ou peu décelés dans la société, et ce stress peut entraîner une dépression, une désorientation et des patterns de famille dysfonctionnelle chez la communauté immigrante (Brown, Strin *et al.*, 1973 ; Los Angeles Country, Department of Health Service, Mental Health Services, 1973, cité par Jung, 1984). L'une des conséquences de ce stress est le phénomène du jeu au casino.

Quant aux difficultés vécues par les jeunes enfants chinois, à part celles mentionnées ci-dessus, elles peuvent être classées en quatre catégories : la remise en question de l'identité, l'acuité des problèmes liés à l'adaptation à l'école, les problèmes psychosociaux et l'inaccessibilité aux réseaux d'aide.

a) La remise en question de l'identité

Les études qualitatives de Zhou (1997) auprès de jeunes Chinois aux États-Unis font ressortir que l'identité (Qui est chinois-américain ?) fait partie des difficultés les plus fréquemment rencontrées chez les jeunes dans une société où l'idéologie assimilatrice est prônée. Au Canada, d'un côté, les statistiques montrent une tendance à la perte du chinois comme langue maternelle ou langue parlée à la maison chez les Chinois de la seconde génération, et à celle subséquente, des forces qui incitent à la conformité linguistique dans la société canadienne (Li, 1998 : 107).

Au Québec, le contexte de l'intégration des enfants issus de la communauté chinoise serait plus complexe, à cause du fait que ces derniers font face aux exigences de s'adapter à plusieurs langues (par exemple, le chinois, le français et l'anglais) et aux cultures qu'elles véhiculent. D'un autre côté, à l'adolescence, l'appartenance ethnique est recherchée. Tan et Roy (1985 : 21) révèlent qu'en s'intéressant à l'art, à la littérature et à l'histoire de la Chine, les jeunes cherchent leurs racines. Ironiquement, ils découvrent l'ampleur de leur assimilation et le caractère essentiellement nord-américain de leurs valeurs, de leurs coutumes, de leurs goûts et de leurs habitudes de vie. Pour eux, les questions de l'identité ethnique et celle, plus vaste, des droits civiques, sont intrinsèquement liées. L'œuvre des jeunes auteurs, poètes et artistes canadiens d'origine chinoise, qui tend à l'introspection, exprime, d'une façon stridente parfois, un thème commun : l'affirmation de leurs droits fondamentaux canadiens.

b) Les difficultés liées à l'adaptation à l'école

Les enfants issus de familles immigrantes chinoises rencontrent beaucoup de problèmes d'adaptation à l'école : les difficultés à apprendre la langue, l'incapacité de s'exprimer, l'intimidation par les autres, à cause de leurs traits physiques différents, l'accent, la tenue et les disputes avec les professeurs ou les camarades (Zhou : 1997 : 196). De plus, ils ont peur de rapporter leurs problèmes à la maison, craignant que leurs parents deviennent inquiets ou leur fassent des reproches. En analysant les stress variés vécus par les jeunes immigrants asiatiques dans le milieu scolaire, Chiu et Ring (1998) ajoutent la discrimination raciale.

Du côté du système éducatif, la recherche de Dyson (2001) révèle que la majorité des parents chinois considèrent que le curriculum à l'école manque de standards académiques exigeants, à cause du peu de devoirs que les enfants ont à faire à la maison et parce qu'une grande partie des travaux effectués en équipe sont considérés comme non productifs et non académiques. En se référant au modèle d'éducation dominant en Chine, les parents chinois considèrent que le curriculum est de basse qualité et que les enfants seront peu préparés pour l'avenir, dans un monde de plus en plus exigeant. Les parents chinois trouvent que les enseignants donnent des bulletins invraisemblables sur le progrès académique des enfants. Cette recherche met en lumière le fait qu'il existe deux approches pédagogiques différentes : celle de la famille chinoise et celle de l'école canadienne. À cause d'un manque de communication, les parents chinois sont incapables de comprendre la philosophie de l'école.

c) Les problèmes psychosociaux

Dans une recherche réalisée aux États-Unis, Yeh (2002) démontre l'influence d'une mauvaise adaptation psychosociale des jeunes immigrants face au choc culturel. Les valeurs, les comportements et les normes étrangères ainsi que la perte de réseaux de soutien entraînent des problèmes psychologiques comme la frustration, l'irritation et la dépression. L'abandon chez les jeunes immigrants suscite une perte de l'estime de soi, l'isolement et l'anxiété. Quant à ceux provenant des communautés asiatiques, ils rencontrent plus de difficultés liées à la barrière linguistique (Lynch, 1992) et à la dévalorisation de l'expression émotionnelle inscrite dans la culture asiatique (Uba, 1994). Dans la recherche de Zhou (1997), une autre difficulté rencontrée par les jeunes Chinois est qu'un détachement émotionnel de la part des parents provoque une diminution de la communication.

d) L'inaccessibilité aux réseaux d'aide

Concernant l'utilisation des services, la recherche de Yeh (2002) révèle que même si les étudiants immigrants chinois, japonais et coréens éprouvent des problèmes d'adaptation culturelle liés à la communication, aux coutumes, aux valeurs familiales, aux relations interpersonnelles et aux problèmes académiques, ils refusent d'utiliser les services de santé mentale (Atkinson, Lower, et Mattews, 1995 ; Uba, 1994, cité par Yeh, 2002), et ceci pour plusieurs raisons. Premièrement, ils ne sont pas familiers avec le concept de service de santé mentale (Sue et Sue, 1999) ; et de plus, pour beaucoup de groupes asiatiques, révéler ses problèmes personnels aux autres peut engendrer de la honte pour toute la famille (Sue, 1994). Donc, la discussion de ses problèmes personnels avec les autres peut être stigmatisée dans la culture d'origine. Au lieu de consulter des professionnels comme un consultant (psychologue, travailleur social, etc.), ils mettent en place des stratégies comme chercher un soutien social, garder tout pour eux-mêmes, s'adonner à des activités créatives comme la formation de clubs ou entretenir des comportements impulsifs. Parmi ces stratégies, garder les conflits pour eux-mêmes ou les tolérer sont celles que les jeunes immigrants asiatiques utilisent pour éviter les confrontations interpersonnelles.

Étant donné que la famille est souvent considérée comme la ressource la plus proche des enfants, cette source de relation d'aide naturelle est handicapée par la contradiction qui existe entre l'attente élevée des parents concernant la réussite scolaire de leurs enfants et leur capacité limitée à offrir le support approprié, afin d'aider ces derniers à réussir. Ceci est considéré par les jeunes chinois comme le grand motif de confrontation avec leurs parents (Zhou, 1997). Les parents sont incapables de guider leurs enfants sur le plan éducationnel et concernant le choix d'un métier, et cela crée un fossé entre les attentes élevées et les moyens réalistes et réalisables de les atteindre. Quand les enfants trouvent qu'ils sont incapables de satisfaire les exigences de leurs parents, il n'existe pas d'exutoire pour déverser leurs frustrations et leurs anxiétés, par conséquent, ils deviennent aliénés et se perdent dans la rue.

Concernant l'accessibilité à l'école, la recherche de Dyson (2001) sur les styles différents de communication révèle que le style asiatique, généralement discret, comparé à celui des Américains du Nord, qui favorisent davantage l'éloquence de la parole (Yang, 1993), contribue à une communication inadéquate entre la famille chinoise et l'école. Aussi, la fréquence de la communication entre les parents chinois et l'école ne peut être comparée avec celle des parents caucasiens, à cause de la barrière linguistique, du style de communication et du fossé existant entre la culture d'origine et celle de l'Amérique du Nord. À cause du manque de connaissances concernant la communauté immigrante chez certains enseignants, l'absence des parents immigrants aux activités à l'école est souvent interprétée par eux comme un manque d'intérêt envers les travaux scolaires de leurs enfants (Commins, 1992, cité par Dyson, 2001), et cela cause certaines tensions entre la famille immigrante et l'école.

1.3. La réalité à laquelle la communauté immigrante chinoise est confrontée – un champ oublié dans la recherche du bien-être de la famille et de l'enfant issu des communautés minoritaires dans le secteur des services sociaux

Au Québec, au plan théorique, on n'a pas encore élaboré de politique d'encadrement visant le bien-être des enfants issus des communautés immigrantes dans un contexte plus large tenant compte des facteurs politique, social et culturel dans l'étiologie des problèmes sociaux. Ce cadre théorique doit inclure tous les milieux de vie de l'enfant immigrant, comme la famille, l'école, la communauté ethnique, les institutions, les organismes spécialisés, le choc culturel que la famille et l'enfant ont rencontré, l'ethnicité, le racisme, la discrimination structurelle et les stress particulièrement causés par le processus d'immigration et d'intégration dans un nouvel environnement. Dans les recherches comme *Are Ecological and Social Models Influencing Prevention Practices? An Overview of the State of Affaires in Quebec for Child, Youth, and Family intervention* (Chamberland, Dallaire, Hébert, Fréchette, Lindsay et Cameron, 2000) et certains documents comme le Projet Bien-être de la famille « La promotion du bien-être de la famille et la prévention des mauvais traitement infligés aux enfants : cadre de réflexion et d'action » (Prilleltensky, Peirson, Nelson, Cameron, Peters, Connors, Maidman, Laurendeau, et Chamberland : 1999) visant le bien-être des enfants, les communautés immigrantes sont absentes (sauf la communauté autochtone) de toutes les définitions des problématiques, de l'influence sur les valeurs au niveau du macrosystème et des stratégies préventives et promotionnelles que les familles immigrantes mettent en œuvre.

Concernant le champ de pratique, à Montréal, les priorités institutionnelles liées à la santé et au bien-être sur le plan de l'adaptation sociale visent, entre autres, à prévenir les abus sexuels, la négligence et la violence à l'endroit des enfants, les troubles de comportement des enfants et la violence faites aux femmes. Ces objectifs reflètent des valeurs et une conception particulière de la santé et du bien-être. Si l'on considère ces problématiques sous un angle transculturel, la façon de les aborder peut varier considérablement (Gravel et Battaglini, 2000 : 72).

Chapitre 2

Cadre théorique - l'approche écologique

L'approche écologique nous offre un cadre de référence permettant d'intégrer tous les facteurs mentionnés concernant la promotion du bien-être et la prévention des problèmes sociaux chez les enfants issus de la communauté chinoise.

L'approche écologique élargit notre compréhension des problèmes sociaux, en tenant compte des liens complexes qui lient l'individu à son environnement et en reconnaissant explicitement la capacité de l'être humain à influencer le système social. La structure organisationnelle de la société, le niveau de volonté des chefs politiques et la sphère économique servant à promouvoir le bien-être de la population et les valeurs sociales répandues sont reconnus dans l'approche écologique comme des facteurs significatifs jouant sur l'émergence des problèmes sociaux.

Cette approche souligne la mobilisation des efforts concertés visant plusieurs systèmes simultanément (la famille et l'environnement social, les facteurs politiques et économiques, etc.) et les contenus des actions et des stratégies variées (Chamberland, Dallaire, Hébert, Fréchette, Lindsay et Cameron, 2000 : 101, traduction libre). En évitant une définition linéaire et statique, les différents niveaux d'action, comme la promotion, la prévention, la protection ou la réhabilitation sont bien définis. Le continuum d'action selon que l'on agit en amont ou en aval des problèmes est souligné.

La prévention peut être réalisée par une approche universelle ou sélective, selon la population ciblée, et elle peut viser l'individu, le milieu de vie et un contexte plus large. Dans cette approche, les stratégies visant le développement d'habiletés au niveau individuel peuvent coexister avec celles centrées sur les actions des coalitions, de la défense des droits, de l'empowerment et de l'amélioration des conditions de vie de la communauté (Fawcett *et al.*, 1995 ; McLeroy *et al.*, 1994 ; O'Neill *et al.*, 1997 ; Wandersman *et al.*, 1996, cité par Chamberland, *et al.*, 2000 : 104, traduction libre).

Plus précisément, la perspective écologique considère le développement d'un individu comme un processus d'accommodation mutuelle entre la personne et son milieu, lui-même constamment en changement, processus qui est par la suite influencé par des contextes plus globaux auxquels le milieu participe (Bernier et Turcotte, 2001 : 15). Issue de la perspective épidémiologique, cette approche souligne l'importance de bien distinguer la population ciblée, la réflexion sur la causalité et les stratégies différentes dans les moments d'action. Au niveau opérationnel, les analyses des facteurs de risque et de protection pour dégager les causes des problématiques nous donnent des pistes pour planifier des programmes d'intervention.

Au Québec, le modèle écologique de Bronfenbrenner (1979), psychologue américain du développement, est largement diffusé. Selon ce modèle, le comportement humain est médiatisé par les divers rôles sociaux que nous jouons, par les sous-cultures auxquelles nous appartenons et par la nature des interactions familiales auxquelles nous participons (Vincent et Trickett, 1983, cité par Dallaire, 1998 : 90).

Pour favoriser la compréhension du comportement humain dans ses environnements naturels, Bronfenbrenner a développé une nomenclature pour désigner les différents systèmes qui composent l'écosystème : l'ontosystème, le microsystème, l'exosystème, le macrosystème et le chronosystème. Voici une brève définition de chacun des systèmes composant l'écosystème (Dallaire, 1998 : 91). L'ontosystème inclut l'ensemble des caractéristiques, des états, compétences, habiletés ou déficits d'un individu. Ces caractéristiques ontosystémiques peuvent être innées ou acquises. Le microsystème est destiné à l'endroit assidûment fréquenté par un individu (habituellement un lieu physique). C'est un milieu de vie significatif pour le sujet, dans lequel il a un rôle, des activités à réaliser et des relations avec d'autres personnes. Le mésosystème inclut l'ensemble des relations entre les microsystèmes (intermicrosystématiques). Il est caractérisé par les effets (influences) des liens qui existent entre les microsystèmes. L'exosystème est destiné aux endroits non fréquentés par l'individu en tant que participant actif, mais dont les activités ou les décisions influencent de façon positive ou négative ses rôles, ses activités et ses relations dans les microsystèmes. Enfin, le macrosystème est constitué de l'ensemble des croyances, des valeurs, des normes, des idéologies, de la culture, de la religion, etc., d'une communauté ou d'une société.

Dans le but de comprendre les difficultés rencontrées par les jeunes immigrants d'origine chinoise en cours d'intégration dans la société d'accueil, plusieurs composantes différentes de l'écosystème ont fait l'objet d'analyse. Parmi elles, l'analyse sur le modèle du *child-rearing* dans la famille chinoise nous permet de comprendre d'autres types d'interactions parent-enfant (mésosystème) dans la société d'accueil.

2.1. L'analyse de la population ciblée

2.1.1. L'histoire de l'immigration chinoise en Amérique du Nord

L'histoire de l'immigration chinoise au Canada a débuté il y a 137 ans. Pendant longtemps, les immigrants chinois étaient victimes de discrimination et d'exclusion au moyen de mesures législatives. C'est seulement à partir de 1947 que les Chinois ont commencé à jouir de droits civiques que les autres Canadiens considéraient comme acquis. Aujourd'hui, selon le recensement de 2001, la population d'origine chinoise représente 2,58 % de la population canadienne, et une nouvelle communauté chinoise-canadienne est en train d'émerger.

En parcourant cette histoire, on note que l'immigration des Chinois au Canada comprend quatre périodes distinctes, chacune liée à la politique d'immigration d'une époque.

La première période (1858-1884) : entrée libre

L'immigration chinoise au Canada commence en 1858. Le besoin de main-d'œuvre créé en Occident par l'abolition de l'esclavage a donné naissance à l'infâme trafic des « coolies » chinois – la main-d'œuvre par « indentured contract » – pour répondre à l'expansion industrielle (Li, 1988 : 15), comme la construction du chemin du fer du Canadian Pacific Railway, entre 1881 et 1885. Ces Chinois étaient majoritairement issus du sud-est rural de la province de Guangdong. Comme les autres immigrants qui venaient en Amérique du Nord au XIXe siècle, ils arrivaient avec l'espoir de trouver une vie meilleure ou de faire fortune dans le Nouveau Monde.

Mais à la différence des immigrants européens, qui étaient acceptés comme résidents permanents, les Chinois se voyaient refuser ce privilège. Au contraire, le gouvernement leur accordait un statut temporaire et les utilisait dans des emplois dangereux pour un salaire minable. Ceci n'a pas manqué en plus de leur attirer la foudre des travailleurs canadiens, scandalisés de les voir travailler pour une maigre pitance.

À la fin du XIXe siècle, ils constituaient moins de 1 % de la population canadienne et ils étaient essentiellement concentrés en Colombie-Britannique. Utilisés comme main-d'œuvre à bon marché, ces travailleurs chinois servaient constamment de boucs émissaires. D'ailleurs, tous les problèmes sociaux leurs étaient attribués, y compris les épidémies, le surpeuplement, la consommation d'opium, la prostitution et la corruption. Sur le plan démographique, les Chinois ne pouvaient faire venir leurs familles au Canada, incapables qu'ils étaient de faire face aux frais exorbitants qu'une telle démarche entraînait et craignant l'hostilité sociale. En effet, la vie de la famille conjugale était restreinte à un petit groupe de l'élite des commerçants.

C'est dans ce climat hostile que s'est développé le quartier chinois, qui a servi de zone commerciale et de centre communautaire aux Chinois au XIXe siècle[4]. Dans la culture chinoise, la famille et la communauté occupent une place importante. Ces « coolies » chinois célibataires[5] sont souvent des hommes mariés qui quittent la Chine, arrivent dans un pays étranger et vivent sans le soutien de la famille, des amis, du village ni de leur culture nationale. Par conséquent, ils se tenaient ensemble et se retrouvaient unis dans les zones désignées comme les quartiers chinois. Les hommes célibataires considéraient le quartier chinois, où on leur offrait des chambres propres, de la nourriture familière et le soutien communautaire pendant leur séjour, comme une seconde famille. En plus, le quartier chinois était une place où les hommes célibataires trouvaient plus de sécurité et étaient moins harcelés.

Pour les Canadiens blancs, le quartier chinois était une zone réservée qui avait l'avantage d'empêcher les Chinois d'avoir accès à leur société. À Vancouver, par exemple, un grand nombre de lois ciblant les Chinois furent adoptées, afin de les décourager à déménager à l'extérieur du quartier chinois. Cette ségrégation renforce l'isolement social et a des effets néfastes sur la vie des hommes célibataires. Ceci peut largement expliquer certains problèmes sociaux dans le quartier chinois, comme la popularité de l'utilisation de l'opium, du jeu et de la prostitution chez les travailleurs chinois à la recherche de paradis artificiels (Li, 1988 : 81).

Cette façon de vivre des Chinois dans le quartier chinois est considérée comme débauchée par la société blanche. Le clergé protestant surtout reproche aux Chinois de répandre le paganisme par leurs pratiques répugnantes et leurs vices (Ward, 1974, cité par Con, Con, Johnson, Wichberg et Willmott, 1984). Imprégnés de ces préjugés, les

---

[4] À cette époque-là, tous les quartiers chinois sont situés dans la province de Colombie-Britannique.

[5] On peut se référer au terme « single man » dans : http://collections.ic.gc.ca/yipsang/intro/index.html

Méthodistes ont créé une mission pour les Chinois à Victoria, en 1885, et dans les années 1890, les Anglicans et les Presbytériens les ont imités. Quelques programmes sociaux sont mis sur pied pour les christianiser, comme offrir des services aux prostitués ou des cours d'anglais le soir aux adultes. Cette dernière initiative a attiré des milliers de Chinois pendant des années.

La deuxième période (1885-1923) : entrée restreinte

La deuxième période est caractérisée par des restrictions. Dès qu'on n'avait plus besoin de main-d'œuvre pour la construction du chemin de fer, les Chinois étaient immédiatement mis à pied. La première loi « antichinoise » a été adoptée par le gouvernement canadien en 1885, la même année que le transcontinental du Canada Pacific Railway a été terminé. D'ailleurs, à partir de 1875 jusqu'en 1923, de nombreuses lois pour restreindre les droits civiques des Chinois sont passées en Colombie-Britannique. Finalement, en 1923, le gouvernement fédéral vote la Loi sur l'immigration des Chinois, qui interdit aux Chinois d'entrer au Canada. Elle est appliquée pendant vingt-quatre ans, avant d'être abolie, en 1947.

Même si le sentiment antichinois était partagé par les politiciens, les chefs des syndicats, les travailleurs blancs et les employeurs, tous bénéficiaient cependant, soit politiquement, soit économiquement, de la présence des Chinois. Les travailleurs chinois n'ont pas seulement offert de la main-d'œuvre à bon marché pour le développement industriel, mais ils ont aussi servi d'exutoire, en permettant de transformer les conflits de classe potentiels en antagonisme racial (Li, 1998 : 70). Pour restreindre l'immigration chinoise, le gouvernement canadien a imposé aux Chinois un droit d'entrée (*head tax*) de 1885 à 1923. Selon les statistiques, entre 1905 et 1914, le gouvernement canadien a recueilli 13,8 millions de dollars des Chinois, une somme équivalant à quatorze pour cent du budget de la défense nationale de cette époque. Le nombre de Chinois en 1911 était de 0,39 % de la population canadienne et de 0,45 % en 1921 (Li, 1988).

En ce qui concerne les enfants, dans la plupart des cas, ils étaient élevés en Chine, où le coût de la vie était inférieur. Quand ces enfants, spécialement les garçons, étaient parvenus à l'âge de travailler, ils suivaient souvent la trace de leur père et cherchaient de l'emploi au Canada. Comme Li (1988) le mentionne, de cette façon, les familles aidaient l'État canadien à reproduire une autre génération de main-d'œuvre à bon marché, sans encourir de dépenses trop coûteuses. En ce qui concerne l'éducation, la ségrégation scolaire était pratiquée dans les écoles publiques, comme celles de la Colombie-Britannique, sous le prétexte de problèmes d'âge[7] et de langue de la part des écoliers chinois (Con *et al.*, 1984 :133).

En réponse aux tentatives de ségrégation, la communauté chinoise a réagi, et diverses stratégies ont été adoptées, comme la formation d'une association de parents et d'instituteurs chinois pour boycotter les écoles publiques, la création et la gestion de leurs propres écoles et la collecte de fonds pour maintenir l'agitation contre les politiques discriminatoires (Con *et al.* : 134).

La troisième période (1924-1947) : l'exclusion

La troisième période est la période de l'exclusion, de 1924 à 1947. La Loi sur l'immigration des Chinois de 1923 – l'Acte d'exclusion – a interdit l'immigration chinoise au Canada. Pendant cette période, la population chinoise du Canada a rapidement décliné. Certains quartiers chinois disparaissent. Contrairement aux Européens et aux Japonais, avant 1947, peu de Chinois ont immigré avec leurs familles. La Loi d'exclusion, avec les autres lois précédentes et discriminatoires envers l'immigration chinoise, rendait la réunification des familles pratiquement impossible. Ces lois maintenaient un déséquilibre entre hommes et femmes, et ont entraîné une baisse radicale de la population chinoise au Canada entre 1931 et 1951,

[7] La majorité des enfants immigrants étaient des pré-adolecents et ils n'ont pas eu de contact avec la langue anglaise (Con *et al.*, 1984 : 133).

ainsi qu'un retard dans la venue de la deuxième génération née au Canada. Selon les données de l'immigration, entre 1906 et 1924, le ratio était de 3 578 hommes pour 100 femmes (Li, 1988 : 62). Même s'il y avait une tendance à la baisse du ratio selon les années, tout au long des années 1920 et 1930, les hommes ont dépassé les femmes de 12 à 15 fois. Cette situation a retardé l'émergence d'une deuxième génération et, jusqu'en 1991, 73 % des Chinois du Canada étaient nés à l'étranger (Li, 1998 : 72).

L'impossibilité de réussir la réunification familiale et l'absence de femmes renforçaient chez le migrant « de passage » le sentiment d'être « en transit ». Le fait qu'il demeurait ressortissant chinois au nom du « jus sanguinis » encourageait le Canada à lui refuser nombre de droits découlant de la citoyenneté.

Sur le plan social, durant la crise, les associations chinoises dans le quartier chinois ne peuvent répondre à toutes les demandes d'aide qui leur sont adressées ; les Chinois qui recourent aux organismes institutionnels se voient tantôt refuser tout secours, tantôt accorder une aide moindre que celle qui est dispensée aux Blancs (Tan et Roy, 1985 :14).

La quatrième période (1947 jusqu'à présent) : entrée sélective

À la suite de l'abolition de la Loi sur l'immigration des Chinois, en 1947, a commencé la quatrième période d'entrée sélective, qui a duré de 1948 jusqu'à nos jours.

Après la victoire de la Deuxième Guerre mondiale, à laquelle beaucoup de jeunes Chinois issus des familles immigrantes ont participé, l'année 1947 s'est distinguée par deux événements importants concernant la communauté chinoise : l'abrogation de la Loi sur l'immigration des Chinois et la promulgation de l'Acte du citoyen. Les Chinois immigrants peuvent enfin devenir citoyens canadiens, et la réunification familiale est possible.

Pour répondre à l'expansion industrielle et pour freiner l'exode des professionnels et de la main-d'œuvre qualifiée aux États-Unis après la Deuxième Guerre mondiale, deux nouvelles politiques d'immigration sont adoptées, en 1962 et en 1967. Les nouveaux règlements de 1962, modifiant la Loi sur l'immigration, et d'après lesquels le pays d'origine ne constitue plus un critère d'admission important, permettent pour la première fois aux Chinois qui n'ont pas de parenté au Canada de faire une demande d'entrée au Canada comme immigrant indépendant. Cependant, Con *et al.* (1984 : 260) mentionnent que, dans ce règlement, subsistait malgré tout une certaine discrimination à l'égard des populations chinoises. En effet, craignant que l'absence d'une clause restrictive dans ces règlements n'entraîne un afflux d'immigrants non européens, on y statuait que tous les immigrants pouvaient parrainer les parents de leur choix, sauf les immigrants d'Asie ou d'Afrique, qui devaient se limiter à leurs proches parents. En outre, on y supposait que bon nombre de Chinois étaient dépourvus de compétence technique ou professionnelle. Comparé à l'immigration relativement libérale en direction de l'Europe et des États-Unis, l'immigration chinoise au Canada était très restreinte (Li et Bolaria, 1979, cité par Li, 1988 : 88).

Ce n'est que lorsque de nouveaux règlements, adoptés en 1967, ont permis la sélection des immigrants à partir d'un système universel de points fondé essentiellement sur leur contribution économique potentielle au Canada, que les Chinois seront sur un pied d'égalité avec les autres immigrants potentiels (Li, 1988 : 91). Puis, à cause de la relation hostile qui s'est établie entre la Chine et l'Occident, après sa révolution socialiste chinoise de 1949 et pendant la guerre froide des années 50 et 60, la Chine continentale a cessé de former la source la plus importante de l'immigration chinoise.

Après 1967 jusque dans les années 1990, un grand nombre d'immigrants chinois classés comme travailleurs qualifiés ou investisseurs provenant des zones urbanisées de Hong Kong et de Taiwan sont arrivés au Canada. Parmi eux, de 1979 à

1980, à cause des guerres interminables et des conflits ethniques en Indochine, 30 233 réfugiés d'origine chinoise ont fait partie des 50 % de réfugiés à entrer au pays. Ils sont venus grossir le groupe des professionnels compétents, des commerçants prospères et des personnages influents. La crainte du retour de Hong Kong dans le giron de la Chine continentale explique le fait que ses immigrants aient dominé l'immigration durant les années 1980. Avec la mondialisation et à la suite de son développement économique, la Chine continentale est devenue la première source d'immigration au Canada à partir de 1990.

La phase contemporaine

Les deux dernières décades sont caractérisées par une augmentation significative de l'immigration chinoise au Canada. D'après le recensement de 2001, de 1981 à 2001, 582 335 Chinois sont arrivés au Canada, ce qui représente 56,6 % de la population chinoise totale, estimée à 1 029 395 en 2001. En 1981, pour la première fois de l'histoire, le ratio du sexe dans la communauté chinoise est équilibré, avec 102 hommes pour 100 femmes. La majorité des Chinois vivent en Ontario et en Colombie-Britannique, et 7 pour cent vivaient au Québec en 1991. Pendant la période de 1981 à 2001, 31 645 chinois, soit 55 % des 57 655 en 2001, avaient choisi Montréal comme lieu de résidence. Parmi eux, en 2001, on comptait 14 710 jeunes de moins de 19 ans, dont 4 540 (31 %) de moins de 4 ans (l'âge d'aller à la garderie), 5 365 (36,5 %) entre 5 ans et 12 ans (l'âge de fréquenter l'école primaire) et 4 800 (32,5 %) entre 13 ans et 19 ans (l'âge de l'école secondaire) (Statistique Canada, 2001).

Le fait que les immigrants chinois, de nos jours, soient des professionnels et des techniciens qualifiés donne naissance à une classe moyenne chinoise pour la première fois dans l'histoire du Canada. Aujourd'hui, la plupart des Chinois vivent à l'extérieur du quartier chinois. En pleine ascension sociale, ils mènent la vie de banlieue des classes moyennes. À l'origine, utilisé majoritairement comme centre communautaire, le quartier chinois devient une zone commerciale. De nouvelles associations surgissent, parce que les anciennes n'arrivent plus à satisfaire les besoins de la population chinoise, qui est plus hétérogène.

Bref, le portrait du contexte de chaque période d'immigration chinoise montre combien la communauté chinoise du Canada a été exclue de la société canadienne par la « discrimination institutionnalisée » (Li, 1988, 1998) et comment elle a créé ses propres ressources dans la société pour survivre.

La communauté immigrante chinoise de Montréal est composée de différents sous-groupes hétérogènes. Ces sous-groupes possèdent parfois des langues, des religions et des philosophies différentes. Leurs besoins et attentes concernant le bien-être des enfants varient aussi.

2.1.2 La diversité culturelle de la communauté immigrante chinoise contemporaine

La langue

Au sein de la communauté chinoise, des sous-groupes apparaissent selon les différents traits linguistiques, selon la provenance et les générations. Au niveau linguistique, à côté du mandarin, qui est la langue officielle de la Chine, les dialectes chinois parlés par plus ou moins de Chinois au Québec sont le cantonais (parlé par ceux provenant de la province de Guangdong, située au sud de la Chine et de Hong Kong), le taisanais (par les Chinois provenant de Taisan, de la province de Guandong), le fukienais (par ceux de la province de Fujian, au sud de la Chine et de la région de Taiwan) et le shanghainais (Shanghai, de l'ouest de la Chine). À la suite de la standardisation du mandarin, adoptée par le gouvernement communiste après sa prise du pouvoir en 1949, et après et la réintégration des régions de Hong Kong et de Macao, on constate une tendance à l'unification de la langue dans la vie quotidienne des immigrants. Le mandarin et le cantonais sont devenus les deux langues pratiquées surtout chez les jeunes Chinois immigrants. La nouvelle vague d'immigrants provenant de la Chine continentale rend le taux de la population parlant le mandarin de plus en plus élevé parmi les nouveaux arrivants chinois.

Les facteurs démographiques

À Montréal, l'arrivée d'une grande quantité d'immigrants chinois est un phénomène assez récent. D'après le recensement de 2001, la population chinoise occupe 1,54 % d'une population totale de 3 380 640 à Montréal. Récemment, les immigrants faisant partie des programmes des travailleurs indépendants, de la réunification des familles, des investisseurs et des réfugiés forment la communauté des nouveaux immigrants chinois capables de répondre aux besoins démographiques et économiques de la société québécoise. Parmi eux, les travailleurs indépendants constituent la majorité des nouveaux arrivants. Comme Battaglini (2000) le mentionne, au Québec, les critères pour les travailleurs indépendants sélectionnés visent, entre autres, la pérennité de la langue française et la maximisation des retombées économiques. Selon cette politique, la capacité d'intégration aux niveaux économique et culturel est déjà considérée avant même que les immigrants arrivent.

Sur le plan résidentiel, les immigrants chinois se retrouvent sur tout le territoire de Montréal. Les nouveaux arrivants élisent domicile dans les quartiers qui reçoivent traditionnellement les immigrants, comme Côte-des-Neiges, le centre-ville pour les étudiants ou les quartiers économiquement défavorisés comme Verdun ou Hochelaga-Maisonneuve, à cause du bas prix des loyers. Pour ceux qui ont les moyens ou qui ont déjà réussi à s'insérer sur le marché du travail, ils sont concentrés dans Saint-Laurent, LaSalle ou à Brossard, sur la Rive-Sud.

Les croyances philosophiques et religieuses

Yang (1961) mentionne que les croyances et les pensées philosophiques, qui se regroupent en deux grands courants – les trois traditions philosophiques et religieuses de la classe éduquée (Dien, 1983), celles du confucianisme, du taoïsme et du bouddhisme, et les croyances folkloriques religieuses – ont un rôle important à jouer dans la vie sociale traditionnelle chinoise.

Parmi ces croyances, le confucianisme occupe toujours une position prépondérante. Créé par K'ong Tsue (*Kong zi*) (551 - 479 av. J.-C.) et ses descendants pendant l'époque des Royaumes combattants (403-221 av. J.-C.), depuis la dynastie Han (206 av. J.-C.- 220 ap. J.-C.), le confucianisme est devenu une « religion nationale[8] » (Granet, 1951 : 89) en Chine. Pour l'accomplissement personnel, il préconise l'homme idéal, qui se consacre à *« xiu sheng, qijia, ziguo, pingtiaxia »,* c'est-à-dire à perfectionner la conduite de sa vie, afin de pouvoir administrer sa famille, son État et finalement le monde. C'est pourquoi toutes les éducations servent à ces deux objectifs : d'un côté, elles visent la formation charismatique, c'est-à-dire à *éveiller* et à éprouver une capacité qui était considérée comme un don de la grâce purement personnel chez les élèves, d'un autre côté, elles visent l'éducation spécialisée, qui forme les élèves afin qu'ils acquièrent des aptitudes pratiques pour des tâches administratives (Weber, 1923, traduction française 2000 : 177).

En Chine, depuis douze siècles, le rang social est déterminé par la qualification aux fonctions officielles, beaucoup plus que par la possession des biens matériels, une qualification qui était établie par cette *formation* et, en particulier, par le recours aux examens (Weber, 1923 : 161). Ce système a commencé avec l'empereur Wudi de la dynastie Han, il y a environ deux mille deux cents ans, et il s'est beaucoup développé pendant la dynastie Tang (618-907). Il offre une voie « juste » (relativement) à tous

[8] Une religion nationale, d'abord parce qu'elle est instituée au profit de la nation tout entière, mais aussi parce que ses principes ont pénétré de leur influence la vie religieuse de tous les indigènes.

les élèves, de la classe noble à la classe plébéienne, et une chance d'entrer dans la couche dominante. Le caractère de ce système entraîne tous les hommes chinois à rechercher à s'attirer les faveurs du pouvoir politique qui est conforme à la formation unique du confucianisme.

2.2 L'analyse de l'interaction parent-enfant du mésosystème – le modèle de *child-rearing* (l'éducation familiale) dans la famille chinoise

L'analyse du modèle du *child-rearing* dans la famille chinoise nous permet d'élucider d'autres types d'interactions parents-enfants que celles qui existent dans la société d'accueil.

Quand on se penche sur les perspectives concernant la famille et le développement des enfants dans la société québécoise, l'idéologie individualiste domine dans laquelle la croissance, le développement, l'actualisation et la maturité individuelle sont considérés comme des valeurs culturelles, et l'emphase est mise sur l'aide à l'enfant pour qu'il devienne physiquement et psychologiquement autonome. L'enfant est destiné à être compétitif, indépendant et individualiste. Généralement, l'enfant traversera une période qu'on nomme « crise d'identité », qui l'aidera dans l'avenir à être indépendant, c'est-à-dire, à se séparer de ses parents.

Cependant, dans la communauté chinoise, la vision de la famille et du développement de l'enfant est différente. En Chine, le système familial a commencé à prospérer à la suite du système féodal. Ce système cherche toujours à éliminer les situations conflictuelles entre l'individu et la société (Yue, 1994 : 116).

> La famille chinoise, surtout sur le plan de l'éthique familiale et de l'éducation familiale, non seulement élimine les oppositions entre l'individu et l'État, l'individu et la société, mais elle cherche aussi à éviter les conflits afin de parvenir à l'harmonie (Yue, 1994 : 116).

Cette éthique familiale traditionnelle et l'éducation familiale ont une longue histoire. Dans le premier recueil, le *Classique des vers (Shi jin*[9]*)* (Pimpaneau, 1989 : 23), il y avait déjà des citations prônant une éducation sympathique aux enfants. Plus tard, le confucianisme[10], la « religion nationale » (Max Weber, 1923, trad. 2000 ; Granet, 1951), a adopté cette éthique familiale. Une de ses notions est que l'enfant est le prolongement de la vie de la famille et que la personnalité innée de l'enfant est bonne. À la suite de deux mille cinq ans, l'éducation familiale a été renforcée par le système d'examen et développée systématiquement. Par exemple, dans le premier document sur l'éducation familiale qui existe aujourd'hui, les *Commentaires familiaux de la famille Yan (Yan shi jia xun)* (420-589 ap. J.-C.), on crée déjà des expériences empiriques sur l'éducation précoce.

Comme la structure sociale chinoise est basée sur la famille, la tribu, le gouvernement de l'empire et l'empereur, on trouve des vestiges de la culture tribale dans l'éducation familiale, qui met l'accent sur l'interdépendance entre le milieu, l'être et l'esprit.

> Les familles fonctionnent comme des unités coopératrices et interdépendantes ; enseignent aux enfants et grandissent avec eux ; continuent à évoluer malgré les difficultés et tirent profit des crises en s'en servant comme sources de croissance ; initient et maintiennent des relations favorisant la croissance à l'intérieur comme à l'extérieur de la famille[11].

---

[9] *Le classique des vers (Shi jing)* : le premier recueil est une anthologie qui rassemble des poèmes datant du Ve au VIe siècle ap. J.-C. pour consigner des chants religieux, utilisés probablement au cours des cérémonies en l'honneur des ancêtres morts, des odes chantées lors des manifestations dans les cours princières et des chansons populaires, peut-être recueillies pour connaître les sentiments du peuple.

[10] Le confucianisme a été fondé par K'ong Tsue (Kong zi) (551 - 479 av. J.-C.) et ses descendants pendant l'époque des Royaumes combattants (403 - 221 av. J.-C.). Depuis la dynastie Han (206 av. J.-C. - 220 ap. J.-C.), le confucianisme est devenu une « religion nationale » (Granet, 1951 : 89) en Chine.

[11] Le cercle de guérison : le bien-être de la famille dans les communautés autochtones dans le *Projet Bien-être de la famille. La promotion du bien-être de la famille et la prévention des mauvais traitements infligés aux enfants : Cadre de réflexion et d'action,* (Prilleltensky *et al.*, 1999).

Les recherches empiriques montrent que ce genre de société est moins violente et protège mieux ses membres (Prilleltensky *et al.*, 1999).

Au cours de l'évolution sociale, cette éthique familiale et l'éducation familiale n'ont jamais cessé d'évoluer. Les recherches sur cette transformation à Taïwan où la modernisation a commencé à partir des années cinquante et en Chine continentale depuis la fin des années soixante-dix démontrent la prédominance de cette culture familiale jusqu'aujourd'hui. (Yang, 1988a ; Wu, 1995 ; Chu ; 1989).

> Le *child-rearing*[12] souligne que les enfants restent avec leurs parents afin de maintenir le lien familial avec les ancêtres et maintenir le lien entre les générations au lieu d'encourager l'enfant à quitter un jour la maison. La croissance et le développement individuels ne sont pas des normes dans cette culture. Pour l'individu, c'est une responsabilité de contribuer à la stabilité et à l'harmonie de la famille (Jung, 1984 : 369, traduction libre).

Dans la recherche de Zhuang et son équipe, on peut relever 15 principes de piété filiale comme respecter ses parents, obéir à ses parents, donner des conseils pour le mieux-être de ses parents, être poli envers ses parents, embrasser la carrière de ses parents, honorer ses parents, penser à ses parents, faire plaisir à ses parents, ne pas créer de soucis à ses parents, être avec ses parents, soutenir ses parents (physiquement et psychologiquement), prendre soin de soi-même, avoir des descendants dans la famille, faire de grandes funérailles à ses parents et rappeler respectueusement la mémoire de ses parents (Zhuang et Yang, 1989 : 137 - 138). Sous l'influence de cette culture familiale, on trouve certaines pratiques que les parents font avec les enfants. Comme le dit le proverbe : *Da shi qing, ma shi ai, bu da bu ma na shi hai* (Les parents frappent l'enfant, c'est une preuve d'affection; les parents blâment l'enfant, c'est parce qu'ils l'aiment. Si les parents ne s'appliquent pas ces mesures

---

[12] Dans ce texte, il y a le mélange de l'utilisation de l'éducation familiale, du *child-rearing* et de la piété familiale.

disciplinaires, ils sont dans négligeance et cela peut nuire au développement de l'enfant.)

Dans une recherche comparant l'éducation familiale chez les Chinois en Chine et dans les pays étrangers (Chine continentale, Taïwan, États-Unis, Singapour, Thaïlande), Wu (1995 :345) démontre que « l'éducation familiale dans les familles chinoises à l'étranger est plus stricte que celle en Chine dans certains domaines comme l'usage de la correction physique, la façon dont les parents font peur aux enfants, l'exigence que les enfants respectent leurs parents ». L'analyse démontre que les sentiments d'insécurité des parents concernant le développement des enfants dans une société individualiste et violente est la raison principale de ce phénomène. La valorisation de l'obéissance chez les enfants en même temps que les enfants reçoivent de l'aide inconditionnelle provenant des parents contribuent à consolider cette culture familiale (Wu, 1995 : 346).

Quel jugement les enfants portent-ils sur ces comportements parentaux, c'est-à-dire, comment les enfants perçoivent-ils les comportements parentaux dans cette éducation stricte? Dans la recherche de Chu (1989) sur l'interaction parent-enfant et ses impacts sur les enfants, celle-ci montre que les enfants attribuent les causes de se faire disputer soit à eux-mêmes d'avoir commi des fautes ou au fait que les parents sont trop occupés. Même en ce qui concerne l'éducation stricte, les enfants croient que leurs parents veulent être responsables envers eux.

Bref, cette culture familiale de l'interaction parent-enfant domine tout le travail visant le bien-être de l'enfant, dans lequel il faut d'abord engager la famille.

2.3 L'analyse du macrosystème et ses influences sur l'adaptation des enfants immigrants

Selon le modèle de Bronfenbrenner, une conviction profonde veut que le pouvoir de se réaliser comme être humain dépende largement du contexte social et institutionnel, tout particulièrement des politiques publiques en place. Ces dernières ont le pouvoir d'influencer le bien-être et le développement humain, en déterminant les conditions de leur vie. Dans ce cadre d'analyse, « les politiques publiques consistuent une partie du macrosystème qui détermine les propriétés des exo, méso et microsystèmes, qui influencent à leur tour le développement » (Dallaire, 1998 : 92). Il est donc important de regarder quels sont les éléments de ce macrosystème qui influencent l'intégration des familles immigrantes. Nous commençons par les idéologies et les politiques d'intégration.

2.3.1 Les idéologies concernant l'intégration des familles immigrantes

L'analyse de ces idéologies ne vise pas une discussion profonde de l'ensemble des problématiques liées à l'immigration, mais de nommer ces idéologies d'intégration qui ont des impacts explicites ou implicites sur l'adaptation des enfants issus des familles immigrantes.

Idéologie assimilationniste

Les assimilationnistes, sur fond d'enthnocentrisme, estiment que les cultures des pays développés sont les mieux adaptées au monde occidental moderne et que, par conséquent, il faut favoriser, chez les nouveaux arrivants, l'apprentissage rapide de la langue et de la culture du pays d'accueil qui, seules, doivent l'emporter à long terme (Harvey, 1993). L'abandon de la culture et de la langue d'origine est encouragé, les nouveaux arrivants devant se fondre dans le creuset sociétal majoritaire.

Cette opinion négative envers la langue maternelle a été remise en question par des études auprès des jeunes issus des familles immigrantes à partir des années 1960 aux États-Unis. Dans une recherche auprès d'enfants issus de familles immigrantes chinoises du quartier chinois de New York, Sung (1987) trouve que les enfants bilingues ont un taux moins élévé de décrochage, plus élévé de diplômation et présentent une estime de soi plus forte.

Bankston et Zhou (1995) pensent que la connaissance de la langue ethnique est étroitement associée à l'auto-identification ethnique, qui à son tour contribue à l'excellence académique. La compétence de la langue ethnique permet aux enfants d'avoir accès à certains capitaux sociaux générés par une identité ethnique distincte, comme le soutien des parents au bilinguisme ou à l'anglais parlé. Ces enfants peuvent établir un attachement plus étroit à leurs familles et à leur communauté, qui leur permet de s'orienter.

Le multiculturalisme (1971)

Le gouvernement canadien a élaboré sa politique du multiculturalisme en 1971. Elle repose sur les principes fondamentaux de l'égalité, de la liberté, de la diversité culturelle (ethnicité) et du respect des droits humains fondamentaux. La politique sera modifiée, au début des années 80, selon l'éthique nord-américaine, pour y inclure la non-discrimination raciale.

Tel que défini par le gouvernement fédéral, en théorie, le multiculturalisme renvoie au maintien de l'identité culturelle des immigrants (Battaglini, 2000 : 33). L'intégration est donc un processus graduel par lequel les nouveaux arrivants deviennent actifs dans la vie économique, sociale, civique et culturelle du pays d'accueil, tout en préservant leur propre culture (Perotti, 1986 cité par Battaglini, 2000 : 44).

Selon Gay (1985, cité par Legault, 2000 : 4 4) :

> Combattant l'hégémonie instaurée par la (les) culture(s) s'érigeant comme universelle(s) et supérieure(s), les artisans

> du multiculturalisme estiment que les cultures minoritaires doivent pouvoir poursuivre leur développement dans la nouvelle société et y occuper une place reconnue. Ils estiment également que les cultures d'appoint ont droit à l'expression de leur spécificité culturelle et à leurs institutions, qui doivent être soutenues par l'État.

Pour certains chercheurs, le multiculturalisme a pour effet de répondre aux demandes d'accessibilité des minorités ethnoraciales (Christensen, 2003).

Au Québec, la politique canadienne du multiculturalisme n'est pas bien accueillie (Gay, 1985). On considère que le multiculturalisme a deux buts : se démarquer du modèle assimilationniste du *melting pot* américain et banaliser la place du Québec dans le Canada, en traitant la culture québécoise sur un pied d'égalité avec la culture des groupes d'immigrants (Rocher et coll., 1991, cité par Battaglini, 2000 : 33).

Étant donné que, jusqu'à aujourd'hui, le multiculturalisme canadien ne débouche pas sur un multilinguisme mais sur un bilinguisme anglais-français en continuité avec le mythe des « peuples fondateurs » (Legault, 2000 : 46), les recherches sur le bilinguisme démontrent que les enfants de la communauté minoritaire peuvent créer une identité biculturelle ; c'est-à-dire qu'ils acquièrent les normes de ces deux cultures, la dominante et celle de la minorité, qui sont intégrées et sont susceptibles d'être servies dans un contexte situationnel par un échange entre les deux séries de valeurs, d'attitudes et de langages (Ramirez et Castenada 1974 ; Wolfgang et Josefowitz, 1978 ; Mitsopulos 1989 ; Clément et Noels, 1991, cité par Gamlin, Berndorff, Mitsopulos et Demetriou, 1994 : 466).

De la convergence culturelle au Québec (1978 - 1981) à l'interculturalisme (1993)

En ce qui concerne l'insertion des immigrants, un modèle de « convergence culturelle » est proposé au moment où paraît le document *Autant de façons d'être québécois* (Gouvernement du Québec, 1981). La culture est considérée comme un facteur primordial de solidarité et de cohésion sociale assurant la cohérence des objectifs pour l'ensemble de la société et l'interdépendance des parties. Cette idéologie dit non au monoculturalisme américain et au multiculturalisme canadien, et affirme que les cultures des groupes minoritaires doivent à la fois être fusionnées à la culture majoritaire francophone et maintenues en périphérie, tout en jouissant d'une autonomie relative (Légault, 2000 : 45). Au niveau linguistique, l'unilinguisme français est envisagé en tant que « ciment » susceptible d'unifier le Québec pluriethnique contemporain.

Depuis les années 80, la mondialisation démontre que la croissance de l'interdépendance entre les pays a des répercussions locales, y compris au Québec. On constate que la culture majoritaire doit s'ajuster aux nouvelles réalités sociales qui, elles, sont pluriculturelles. Dans ce contexte, l'idéologie de l'interculturalisme commence à émerger comme modèle d'insertion des immigrants.

En accord avec le Conseil de l'Europe, Harvey (1993 :939) définit l'interculturalisme comme « l'interpénétration entre les cultures, sans gommer l'identité spécifique de chacune d'elles, mettant le multiculturel en mouvement pour le transformer véritablement en interculturel, avec tout le dynamisme que cela implique ». En changeant de point de mire, on vise à favoriser l'interaction dynamique des cultures minoritaires avec la culture majoritaire, estimant que toutes ont intérêts à se connaître et qu'elles s'en trouveront enrichies (Laperrière, 1985, cité par Legault, 2000 : 47).

La pratique comprend plus qu'une information sur les autres cultures, elle implique le développement d'attitudes positives à l'égard de l'autre et le respect de la diversité, et elle inclut finalement des échanges culturels continuels sur une base égalitaire. Cette idéologie d'insertion est directement liée au développement d'une approche interculturelle dans les milieux scolaires et les services sociaux (Berthelot,

1990 ; Chiasson-Lavoie *et al.*, 1992, cité par Legault, 2000 : 47). Elle est considérée comme un « art et une sagesse de défendre et de promouvoir les identités et préséances culturelles de chaque culture, leur intégration et leur fécondation mutuelle face à toute forme d'hégémonie » (Vachon, 1988 : 109).

L'idéologie antiraciste

Le racisme est défini par l'exclusion, la discrimination, le statut d'altérité, d'étranger, de différent, de subalterne, d'inférieur, de minoritaire (Guillaumin, 1972). L'expérience commune de ce racisme que vivent les groupes ethniques minoritaires les renforce dans l'idée qu'ils sont victimes d'inégalités sociales. Dans sa recherche longitudinale, Li (1988, 1998), en analysant l'histoire de l'immigration des Chinois au Canada, constate que le vécu de la communauté chinoise entre la fin du XIXe siècle et avant 1947 est un exemple du « racisme institutionnel » impliquant des institutions sociales qui donnent un sens soutenu aux caractères superficiels de la « race » et qui l'utilisent comme une justification, afin de disqualifier les membres en marge de la société à la participation égale. Par ce mécanisme, le racisme institutionnel facilite l'exploitation des ouvriers par les employeurs et les industriels, surtout pendant les périodes où le surplus de main-d'œuvre est prononcé.

Aujourd'hui, devant l'augmentation soutenue de l'immigration chinoise au Canada comparée à autrefois et devant la prospérité économique de certains marchés chinois et leur déménagement dans des lieux traditionnellement habités par les Blancs, la communauté chinoise est encore une fois ciblée par le public. La conviction ethnocentrique que la société canadienne ne devait pas aller au-delà de ses traditions européennes et de ses héritages explique la raison pour laquelle certains Canadiens considèrent les immigrants chinois parlant la langue chinoise, leur concentration dans des marchés ethniques et dans des enclaves résidentielles comme une menace à l'homogénéitéé culturelle et raciale de la société canadienne (Li, 1998 :143).

Cette réalité rend possible l'émergence de groupes antiracistes dans la communauté chinoise. Ils arrêtent de jouer le rôle de « courtiers culturels » et sont composés de militants, de jeunes Chinois de la deuxième génération et d'immigrants de fraîche date. Ils commencent à revendiquer le droit de parler au nom de l'ensemble de la communauté chinoise-canadienne, comme c'est le cas de la mission Chinese-Canadian National Association, fondée en 1994 à Vancouver, qui a déjà créé un réseau maintenant national, et qui vise à promouvoir l'éducation concernant les droits civiques des jeunes sino-canadiens dans le but de lutter contre les structures (économiques, politiques, sociales) inégalitaires et contre les bases objectives du racisme et de l'exclusion.

2.3.2 L'évolution de l'effort social dans le champ de la santé et des services sociaux auprès des immigrants au Québec – niveau institutionnel

Le XIXe siècle

Roy et Montgomery (2003) mentionnent qu'au XIXe siècle, les organismes de la santé et des services sociaux reflétaient une conception bipartite du Québec : une société formée de « deux solitudes » : les francophones et les anglophones. Puis, deux réseaux distincts d'institutions divisées selon des lignes ethnolinguistiques se sont créés et caractérisent toujours le secteur de la santé d'aujourd'hui. Bien que plusieurs communautés immigrantes se soient installées au Québec, il y avait peu de services dans ces réseaux pour elles. Du côté du secteur privé, des entreprises comme Canadian Pacific Railway fournissaient des services d'employabilité aux immigrants. Du côté de la communauté, certains organismes philanthropiques catholiques, protestants et de la communauté juive s'occupaient des nouveaux immigrants. Mais à part ces initiatives isolées, il y avait peu de services spécifiques à la santé et aux services sociaux pour les immigrants.

Avant les années 60

Suite à des pressions publiques et politiques accrues pour l'accueil des réfugiés pendant la période suivant la Deuxième Guerre mondiale, certains efforts ont été faits pour faciliter l'installation des immigrants ;

a) Du côté francophone, les organisations créées par l'Église catholique offrent certains services aux immigrants et aux réfugiés, comme le Centre social d'aide aux immigrants et le Service d'accueil aux voyageurs (SAV), qui devient aujourd'hui le Service d'aide aux réfugiés et aux immigrants du Montréal métropolitain (SARIMM) ;
b) Du côté anglophone, le Traveller's Aide Society est créé (Jacob, 1992 ; Fiorino, 1996, cité par Roy *et al.*, 2003).

Après les années 70

Au niveau politique

Une série d'ententes entre le gouvernement québécois et le gouvernement fédéral sont conclues entre 1971 et 1991 qui visent à maintenir le poids démographique des francophones et à sauvegarder l'identité québécoise. Avec ces accords, le Québec acquiert finalement des pouvoirs élargis et déterminants en matière de sélection et d'acceptation des candidats à l'immigration dans les limites du cadre fédéral.

Pour répondre à une société de plus en plus multiethnique, la politique du gouvernement québécois sur l'insertion des immigrants et l'adaptation des institutions publiques est consignée dans deux documents importants :

- *Autant de façons d'être Québécois* (Gouvernement du Québec, 1981) ;

- *Au Québec pour bâtir ensemble* (MCCI, 1990).

Au niveau des institutions

- Des Centres d'orientation et de formation des immigrants (COFI) directement rattachés au ministère de l'Immigration du Québec sont créés en 1974 qui visent l'accueil et l'intégration des immigrants adultes ;
- Des classes d'accueil visant l'intégration à la vie scolaire des élèves issus des familles immigrantes non francophones sont mises sur pied, suite à l'application de la loi 101 ;
- Des Centres locaux de services communautaires (CLSC) sont créés, même si la réforme Castonguay de 1971 n'a pas fait mention explicite du pluralisme linguistique (Jacob, 1992). En effet, le CLSC joue un rôle clé dans le domaine, en offrant des services aux immigrants (Sévigny et Tremblay, 1999, cité par Roy *et al.*, 2003) ;
- Enfin, on crée des Centres jeunesse francophone et anglophone.

La remise en question de l'accessibilité des services aux immigrants

Les barrières linguistiques et culturelles sont considérées comme les facteurs principaux qui posent obstacle à l'utilisation des services du réseau de la santé et des services sociaux par les immigrants. On remet également en question la perspective occidentale qui domine la construction des problématiques et des pratiques excluant souvent la famille immigrante. Cette approche peut largement expliquer le fait que les familles chinoises sont souvent absentes de l'utilisation des ressources du réseau concernant le bien-être de l'enfant.

2.4 L'analyse de l'interaction entre l'individu et son milieu dans le contexte de l'immigration

L'immigration est un facteur de risque distal qui a de l'immense influence sur la vie de l'individu surtout chez l'enfant sur la construction de l'identité. Les recherches concernant les modèles d'intégration des immigrants chinois dans la société d'accueil nous permettent d'élucider les stratégies que les immigrants chinois utilisent pour s'adapter à la vie immigrante, y compris leur influence sur les enfants.

2.4.1 Modèles d'intégration des immigrants chinois

L'évolution de l'identité culturelle des immigrants chinois dans différents contextes d'immigration

Après avoir étudié les migrations chinoises des deux derniers siècles, Wang (1991) a distingué quatre modèles qui correspondent à quatre façons de la culture chinoise de représenter ses migrations[13]. Ces modèles nous aident à comprendre comment les immigrants chinois, provenant de classes sociales différentes, reformulent leur représentation identitaire par rapport à la culture chinoise à l'extérieur de la Chine.

Il y a d'abord 1) les « huashang ». Ce sont les **commerçants chinois**, marchands ou artisans, qui partent d'eux-mêmes pour l'étranger ou qui y envoient des collègues (agents, membres de la famille, membres du même clan), afin d'y établir les bases de leurs activités économiques dans les ports, les mines et les grandes cités commerciales. Il s'agit d'une migration essentiellement masculine au départ et, après une ou deux générations, ceux d'entre eux qui s'établissent pour de bon à l'étranger fondent des familles. Ces commerçants sont souvent considérés comme ayant hérité d'une « culture commerciale traditionnelle chinoise ».

[13] Ces modèles correspondent dans une certaine mesure à une séquence chronologique d'événements migratoires réels, mais les catégories se télescopent souvent et ne sont pas mutuellement exclusives.

Ensuite, 2) les « huagong » sont les **coolies chinois** qui représentent les migrants de la deuxième moitié du XIXe siècle jusque vers 1920. Ils sont associés à l'exploitation des plantations, à la croissance rapide de l'industrialisation et à la construction des chemins de fer en Amérique du Nord. La majeure partie de ces travailleurs devaient retourner en Chine une fois leur contrat terminé, sinon ils étaient lourdement taxés, comme cela a été le cas avec le *head tax*.

Et, 3) les « huaqiao » sont les Chinois qui sont de **passage à l'étranger** (« Chinese sojourner »). Ce modèle ne fait pas référence au type d'occupation des émigrants, mais bien à l'ensemble des Chinois d'outre-mer en tant que collectivité abstraite qui se distingue par le fait qu'elle ajoute une nuance sémantique de caractère politique et idéologique.

À ces trois modèles s'ajoutent les intellectuels et les professionnels scolarisés qui s'expatriaient pour promouvoir la culture chinoise (par la « re-sinisation »). La notion devait permettre de sensibiliser les communautés chinoises d'outre-mer aux besoins nationaux, tout particulièrement à ceux ayant trait à la modernisation. De saveur nationaliste, l'apparition de ce modèle coïnciderait historiquement avec la fin du dernier empire, et, à partir de 1911, au début de la république de Chine. Ce modèle prédomine jusqu'au début des années 50, c'est-à-dire jusqu'à la prise du pouvoir par le parti communiste.

Enfin, 4) les « huayi » sont les **descendant chinois** (*Chinese descent* ou *re-migrants*). Il s'agit des individus engagés dans les migrations ou re-migrations que vit la descendance des migrants de la première génération, surtout ceux qui sont nés en Chine continentale, à Taïwan ou à Hong Kong, qui ont adopté une citoyenneté étrangère et ne sont pas des «huaqiao» (de passage). Ce modèle correspond à l'immigration postérieure aux années 50 et est « fortement représenté par des professionnels très scolarisés, un type de migrants plus cosmopolites ».

Les modèles d'intégration des immigrants chinois en Amérique du Nord

Zhou et Wang (2000) distinguent deux modèles d'intégration que les immigrants chinois adoptent dans la société d'accueil : 1) le modèle convergent : en gardant leur propre ethnicité, les immigrants chinois continuent à développer le quartier chinois comme base économique et commencent à constituer de nouvelles zones économiques avec les nouveaux capitaux chinois ; 2) le modèle divergent comprend les anciennes élites chinoises, les experts, les scientifiques, les professionnels qui sont nés à l'étranger et qui ont étudié dans les pays d'accueil et les descendants de la première génération qui ont déjà réussi à garder ou à obtenir une ascension sociale et sont intégrés au sein du « mainstream » de la société. Un groupe de marginalisés se retrouve aussi dans ce modèle.

2.4.2 L'adaptation des enfants issus des communautés non européennes par rapport à la confrontation culturelle

La culture immigrante fait référence à la culture « originale » d'un groupe et consiste en une manière de vivre, y compris la langue, les idées, les croyances, les valeurs, les patterns comportementaux et tout ce que les immigrants apportent avec eux quand ils arrivent dans leur nouveau pays (Zhou, 1994 : 822).

Selon la perspective classique assimilationniste aux États-Unis, parlant d'intégration des immigrants dans la société américaine, les caractéristiques ethniques, comme la langue, la religion et la couleur de la peau sont considérées comme des désavantages qui influencent négativement l'assimilation (Warner et Srole, 1945). Les immigrants doivent se libérer eux-mêmes de leur ancienne culture, afin de démarrer une ascension à partir de leur position marginale, même si l'acculturation complète à la culture dominante américaine ne peut assurer la participation sociale à la société (Gordon, 1964). Au fils des générations, les traits ethniques disparaissent graduellement, les frontières ethniques éclatent, et les descendants des immigrants deviennent Américains. Selon cette perspective, certains groupes ethniques deviennent indésirables, à cause de leurs coutumes, de leurs habitudes, de leurs styles de vie, de leurs méthodes de propreté particulières et de leur incapacité générale à être assimilés (Raj : 6, cité par Henslin et Nelson, 1997).

Inspiré par les expériences des immigrants italiens aux États-Unis, Child (1943) crée une typologie selon laquelle les enfants immigrants répondent de façons différentes aux valeurs culturelles ou aux objectifs de leur propre groupe ethnique et à ceux de la société plus large. Child classe les réactions aux conflits culturels de la deuxième génération en trois patterns possibles : la rébellion, la conformité intérieure du groupe et l'apathie. La rébellion sous-entend l'abandon de l'appartenance ethnique, dans un but de nouvelle affiliation, c'est-à-dire dans le but de devenir Américain. Child pense que ces trois patterns d'adaptation sont primaires. Les résultats des attributs individuels, comme le tempérament, les expériences personnelles avec le groupe ethnique et avec la société élargie, les interprétations individuelles et l'évaluation des récompenses et des punitions prennent une forme de réaction particulière. En même temps, Child reconnaît l'importance du niveau d'acceptation générale de la société d'accueil envers le groupe ethnique, qui détermine le pattern de la réponse choisie par les groupes de jeunes immigrants.

En attendant que la perspective assimilationniste ait gagné une certaine crédibilité par des recherches auprès des groupes immigrants européens comme auprès des Italo-Américains (Gans, 1979 ; Alba, 1985, cité par Zhou et Bankston III, 1994), son application aux groupes immigrants non européens, qui sont arrivés en grand nombre aux États-Unis après 1965, a rencontré de plus en plus de défis. Dans leurs recherches auprès des jeunes immigrants qui sont arrivés aux États-Unis après 1965, Portes et Zhou (1993) observent que la deuxième génération qui grandit avec deux cultures peut être préoccupée du *smooth acceptance* ou de la confrontation traumatique, et cela entraîne trois conséquences importantes chez eux :1) l'acculturation à la culture dominante ou au *mainsteam*; 2) la pauvreté permanente et une appartenance de sous-classe; 3) l'avancement économique rapide, avec la préservation délibérée des valeurs de la communauté immigrante et de la solidarité.

En même temps, un ensemble de chercheurs suggèrent que les groupes d'immigrants peuvent modifier leur orientation envers la culture originale, afin de s'adapter au conflit de l'incorporation dans la société américaine, et que ces orientations modifiées peuvent servir de ressources potentielles plutôt que de constituer des désavantages.

Les recherches plus récentes auprès des jeunes issus de la communauté non européenne comme celle de Matute-Bianchi (1986) auprès des élèves mexicains-américains, celle de Gibson (1989) auprès des élèves punjabis, celle de Caplan *et al.*, (1989 ; 1992), Gold (1992) auprès de jeunes réfugiés d'origine indochinoise et celle de Zhou et Bankston III (1994) auprès des jeunes immigrants d'origine vietnamienne concluent que l'appartenance à un groupe ethnique minoritaire et la rétention des patterns culturels originaux peuvent être source d'avantages d'adaptation. Au contraire de la perspective assimilationniste, cette perspective envers la culture immigrante offre un aperçu de la façon dont le processus d'ethnicisation peut être utilisé comme forme distincte du « capital social [14] » établie à partir des « contributions » culturelles comme les obligations et les attentes, les canaux d'information et les normes sociales (Coleman, 1988).

La recherche de Zhou et Bankston III (1994) sur le capital social et le processus d'adaptation de la deuxième génération démontre aussi que les orientations

[14] Le capital social est défini comme des systèmes fermes de réseaux sociaux inhérents à la structure des relations entre personnes et parmi les personnes dans une collectivité (Coleman, 1990 ; Portes et Sensenbrenner, 1993, cité par Zhou, 1994, traduction libre). Selon ces auteurs, la stabilité et la solidité de la structure sociale de la communauté joue un rôle vital en soutenant la croissance du capital social dans la famille. Le capital social dans une communauté, à son tour, permet aux parents d'établir les normes et de les sanctionner (Coleman, 1990 : 318, traduction libre). Selon le structuralisme constructiviste de Pierre Bourdieu, le capital social est l'ensemble des relations qu'un agent peut mobiliser afin de maintenir ou d'améliorer sa position sociale (Deubel, 2002 : 501).

de la culture immigrante ne sont pas seulement implantées dans la structure sociale de la communauté immigrante, mais qu'elles sont aussi une réponse à l'environnement social dans lequel se trouve la communauté.

2.5 L'analyse des réseaux communautaires de l'exosystème – Le développement des réseaux de soutien et les services pour le bien-être de l'enfant dans la communauté immigrante chinoise

Le développement de réseaux communautaires dans les pays étrangers par les immigrants d'origine chinoise est, en effet, l'une des stratégies empruntées par les Chinois immigrés tout au long du processus d'adaptation à la vie à l'étranger. Ces réseaux créent des endroits où les enfants d'origine chinoise ont l'occasion de connaître leur culture originelle chinoise et jouent, en même temps, différents rôles pour répondre à leurs besoins durant la période d'adaptation qu'exige leur situation d'immigrante.

Au cours de l'histoire des Chinois au Canada, différents types d'organismes ont vu le jour. Leur objectif était de résoudre les problèmes internes de la communauté, en particulier ceux liés à la discrimination et à la ségrégation. Li (1998) mentionne que le racisme et la discrimination de la société blanche représentaient une menace externe et entraînaient une solidarité interne pour répondre à la pression extérieure. Comme résultat du contrôle législatif et des hostilités sociales, les Chinois ne pouvaient participer aux institutions sociales des Canadiens blancs ; pendant longtemps, ils ont été soumis à de sévères mesures et attitudes ségrégationnistes dans les domaines économique, résidentiel, éducationnel et social. Les associations chinoises offraient donc certaines alternatives pour les occasions bloquées dans la société canadienne.

Pour Zhou (1997), en analysant les quartiers chinois contemporains aux États-Unis, on se rend compte que le quartier chinois a servi de base au « capital social », qui a facilité l'intégration des enfants chinois à la société américaine. Les différents types de services sociaux, y compris les centres d'emploi et les centres communautaires où l'on retrouve les parents et leurs enfants, et un engagement de la part des parents et des enfants, ont été dispensés grâce à l'utilisation de la même langue et au maintien de certaines valeurs de la culture chinoise pour l'éducation aux enfants, ce qui a aidé directement la famille chinoise à briser l'isolement linguistique et social, à résoudre les conflits culturels, à lutter contre la pauvreté, la sous-culture de gang et la proximité étroite avec d'autres voisinages indésirables, et finalement à réussir l'intégration des enfants chinois à la société américaine.

Les organisations bénévoles chinoises offrent traditionnellement de l'aide et des services sociaux à la communauté et sont toujours engagées dans la vie des enfants. Historiquement, par exemple, lorsque le Victoria public school system en Colombie-Britannique au XIXe siècle a tenté de séparer les enfants chinois des autres élèves, les associations chinoises ont créé des écoles séparées pour les Chinois, afin de boycotter les écoles publiques (Ashwoth, 1979 : 77 ; Lee, 1967 : 357-8, cité par Li, 1988).

Les organismes des quartiers chinois évoluent selon les époques. Suite à un changement significatif sur le plan démographique, les services traditionnellement offerts aux hommes mariés célibataires visent maintenant les jeunes générations. Aux États-Unis, apparaissent des programmes orientés vers la jeunesse dans des organismes communautaires autosuffisants qui visent à promouvoir le bien-être des nouveaux élèves immigrants, à assurer leur présence en classe, à stimuler leur réussite académique et, en même temps, à prévenir le décrochage à l'école ainsi qu'à les aider à saisir les bonnes occasions en éducation et les options de métier. Mais ces nouvelles pratiques auprès de la communauté chinoise se butent à des obstacles. Les programmes et les services sont considérés comme inadéquats par les familles chinoises, car les nouveaux professionnels chinois sont perçus comme trop occidentalisés, et ils manquent d'expériences vécues dans le quartier chinois (Zhou et Wang : 2000).

2.5.1 Les différentes organisations dans le quartier chinois à Montréal

Le quartier chinois de Montréal joue aussi le rôle traditionnel d'accueillir les nouveaux arrivants, et il leur offre de l'aide pour s'installer. Plusieurs organisations différentes aident les enfants chinois à apprendre leur rôle d'une façon différente dans leur nouvelle société.

a) Les organisations religieuses

Helly (1987) mentionne que la Mission presbytérienne chinoise a joué un rôle important à la fin du XIXe siècle et au début du XXe siècle. Ce rôle a ensuite été tenu par la Mission catholique, fondée en 1918 à Montréal, venant en aide les Chinois démunis.

Tan et Roy (1985) mentionnent qu'au début de XXe siècle, les missionnaires chrétiens, surtout méthodistes et presbytériens, plus rarement anglicans et catholiques, ont établi des services sociaux comme des centres d'accueil pour prostituées chinoises, des jardins d'enfants et des écoles anglaises dans les quartiers chinois les plus importants. Leur travail a souvent été lié à de bonnes œuvres d'outre-mer, et les missionnaires, dont certains ont déjà travaillé en Chine, entretenaient de bons rapports avec leurs paroissiens chinois. Cependant, Chinois et Blancs appartenant aux mêmes confessions religieuses sont rarement en contact les uns avec les autres. Nombreux sont ceux qui s'affichent comme de bons chrétiens et qui se font les avocats les plus fervents des mesures rigoureuses destinées à exclure les non Blancs de la société canadienne. Les églises chrétiennes ne réussissent guère à convertir que 10 pour cent des Chinois jusqu'en 1923 (Tan et Roy : 1985). Les efforts qu'elles multiplient pour éradiquer le jeu et l'opium chez les Chinois connaissent aussi un succès limité (Tan et Roy : 1985. : 13).

Cette situation a beaucoup changé à la suite de l'abolition des diverses lois discriminatoires envers les Chinois au Canada. Les Chinois commencent à avoir la chance d'occuper des postes ecclésiastiques. Selon le recensement de 2001, à Montréal, il y a 15 275 (26, 5 %) Chinois qui se déclarent de religion chrétienne (y compris les catholiques et les protestants), comparativement à 11 840 (21 %) pour les bouddhistes et 29 935 (52 %) qui ne pratiquent pas de religion.

L'école dirigée par la Mission catholique chinoise de Montréal offre maintenant des programmes divers, dans le but de faciliter l'intégration des jeunes Chinois à la société québécoise.

b) L'Hôpital chinois de Montréal

L'Hôpital chinois est fondé en 1918, dans le but d'offrir des services médicaux aux immigrants chinois. Après plusieurs réformes, il est devenu aujourd'hui un Centre hospitalier de soins de longue durée pour les aînés, où l'on trouve de jeunes bénévoles chinois.

c) Les organismes communautaires subventionnés par les programmes du gouvernement

L'immigration chinoise après 1967 marque un grand changement démographique et socioéconomique au sein de la communauté chinoise du Canada, y compris celle de Montréal. La politique de l'État providence des années 1970 permet l'émergence et le développement des organismes communautaires chinois dans le domaine des services sociaux pour répondre aux besoins des nouveaux immigrants chinois. C'est le cas du Service à la famille chinoise du Grand Montréal (SFCGM), en 1976, qui a pour but de :

> [...] chercher à bâtir des partenariats avec les institutions publiques et privées et avec d'autres partenaires dans le but de promouvoir le bien-être des membres de la communauté asiatique et la chinoise en particulier, en offrant des services et des programmes et en développant des ressources communautaires appropriées à son intégration et à son épanouissement au sein de la société québécoise[15].

L'organisme se donne trois objectifs : faciliter l'accès, l'adaptation et l'intégration des nouveaux immigrants à la vie sociale, économique, culturelle et civique de la société québécoise ; favoriser l'ouverture interculturelle et le pluralisme ; promouvoir l'égalité et la qualité de vie. Les programmes sont principalement subventionnés par Centraide Montréal, par le ministère de la Santé et des Services sociaux et par le ministère des Relations avec les citoyens et de l'Immigration.

Fondé en 1990 avec les mêmes préoccupations pour les résidents chinois en banlieue, le SFCGM a ouvert un bureau sur la Rive-Sud de Montréal et est devenu le Centre Sino-Québec de la Rive-Sud en 1997.

Cependant, à cause d'un retard de la deuxième génération chinoise de naissance, le développement des programmes dans ces deux organismes communautaires visant le bien-être des enfants chinois est remis à plus tard. Cela constitue un véritable défi pour l'avenir de ces organismes.

2.5.2 Le développement des écoles chinoises laïques à partir des années 1980 pour répondre aux besoins des enfants issus des familles en provenance de Taïwan et de la Chine continentale

---

[15] http://www.famillechinoise.qc.ca/web-service/Flash/page2f.htm

Les écoles chinoises jouent un rôle important pour procurer un sentiment d'appartenance ethnique aux enfants chinois. Dans les cours de chinois, les élèves apprennent l'histoire, les chansons, les poèmes chinois et les pensées confucéennes, qui leur révèlent les différents aspects de l'histoire et de la culture chinoises, comme les valeurs familiales, la façon de se conduire et surtout l'importance de l'éducation. Comme une directrice d'une école chinoise le mentionnait, « l'enseignement de la langue chinoise constitue seulement une partie de notre mission. L'autre partie consiste à inculquer aux enfants leur propre héritage culturel, pour qu'ils puissent respecter leurs parents et qu'ils se sentent fiers d'être Chinois ». Par exemple, l'École chinoise Jiahua à Montréal, fondée en 1994, offre des cours, y compris le chinois, les mathématiques, l'anglais, le français, le dessin chinois, l'éducation physique, les jeux chinois, un camp d'été, etc., à environ 700 élèves chaque samedi au centre-ville de Montréal.

2.5.3 Les enjeux du champ des services pour les jeunes immigrants chinois à Montréal

À Montréal, les enfants chinois se retrouvent surtout dans certains organismes communautaires qui visent à promouvoir le succès académique, comme les écoles chinoises (religieuses ou laïques), ou la socialisation (comme le programme des bénévoles du Service à la famille chinoise du Grand Montréal). Les travaux structurels visant le bien-être de l'enfant au niveau promotionnel et préventif sont absents, dans la communauté.

Au niveau institutionnel, dans une entrevue[16] auprès d'une jeune intervenante d'origine chinoise travaillant au Centre jeunesse à Montréal, se référant à ses propres expériences de jeunesse, elle mentionne que : « le taux de signalement comparativement plus bas que celui des autres communautés ne peut pas refléter la

[16] L'auteur a réalisé cette entrevue en 2004 à Montréal.

réalité du bien-être général de la vie des jeunes (chinois). Ceux-ci rencontrent beaucoup de difficultés et ne savent pas comment les résoudre, ils les tolèrent seulement.»

Quant aux services :

> le gouvernement ne réagit que lorsque la situation se détériore vraiment, c'est-à-dire quand le taux de criminalité des jeunes Chinois devient élevé, ou que le taux de signalement est à la hausse, seulement à ce moment-là la situation attire l'attention du gouvernement et il cherche les moyens pour intervenir, mais, c'est déjà trop tard, beaucoup d'enfants chinois sont déjà devenus victimes de ce système qui ne met pas l'accent sur la façon de prévenir les problèmes pour protéger davantage les enfants.

Chapitre 3

Les interventions du stage dans le milieu

De septembre 2003 à avril 2004, nous avons réalisé nos activités de stage dans deux endroits, le premier au Centre jeunesse Batshaw et le deuxième au Service à la famille chinoise du grand Montréal (SFCGM), dans le souci du bien-être des enfants, surtout ceux provenant des communautés immigrantes.

3.1. L'intervention clinique en contexte d'autorité au Centre jeunesse Batshaw

3.1.1. Présentation du milieu du stage

Les Centres de la jeunesse et de la famille Batshaw (Centres jeunesse Batshaw) font partie des 17 Centres jeunesse du Québec. Ils offrent des services de nature psychosociale, des services de réadaptation et d'intégration sociale en vertu principalement de la Loi sur la protection de la jeunesse, de la Loi sur les jeunes contrevenants et de la Loi sur les services de santé et des services sociaux (L.R.Q. c.S-4.2) pour le bien-être de l'enfant et du jeune. Ils veillent également à la prestation de services en matière de placement d'enfants, d'adoption et de recherche des antécédents biologiques, d'expertise à la Cour supérieure et de médiation familiale. Les services sont fournis aux résidents anglophones de l'Île de Montréal et à la communauté juive anglophone et francophone. Les services résidentiels de réadaptation s'adressent aux usagers d'expression anglaise de toutes les régions du Québec.

Parmi les directives qui guident les interventions [17] du Centres jeunesse Batshaw, on trouve : le droit des enfants de vivre et d'être éduqué dans un

---

[17] Les documents sont traduits librement par l'auteure.

environnement sécuritaire et stable ; le rôle de la famille comme meilleur espoir pour la nutrition ; la protection et le développement des enfants et des jeunes ; l'intervention institutionnelle comme invasion dans la vie de l'enfant et de sa famille.

Les principes d'intervention, de nature systémique, sont centrés sur la famille, afin d'en assurer la préservation, la réunification, et de reconnaître l'importance de l'attachement et des contributions des membres de la famille au bien-être de l'enfant. Par rapport au modèle d'intervention, parce que la relation entre l'institution et la famille d'accueil n'est pas simplement celle d'agent-client/d'aide-aidant, mais qu'elle est davantage une relation mandatée, l'approche centrée sur les solutions de problèmes est proposée pour structurer le travail des intervenants. Les interventions sont basées sur les approches centrées sur les objectifs (*goal-based*) et sur les solutions (*solution-driven*), pour répondre aux besoins physiques, émotionnels, psychologiques et cognitifs de l'enfant et du jeune, en tenant compte des impacts à court et à long terme. Les interventions sont multidisciplinaires et communautaires, et l'approche retenue est celle du travail en équipe.

Le programme des familles d'accueil de Batshaw est sous la responsabilité du directeur de la Protection de la jeunesse du Québec. Il est régi par la Loi sur les services de santé et des services sociaux, par la Loi sur la protection de la jeunesse et par le Code civil. Il offre des placements à l'extérieur de la famille aux enfants d'âges variés, de la naissance à la majorité (dix-huit ans), de cultures, de religions et d'ethnies diverses, en situation de danger, où leur sécurité ou leur développement sont compromis, comme les victimes d'agressions sexuelles, les enfants négligés ou abandonnés auxquels les parents ne parviennent pas à offrir un environnement sécuritaire et sain ou pour lesquels ils ne réussissent pas à faire face à leurs responsabilités parentales quotidiennes.

Dans le contrat entre les Centres jeunesse Batshaw et la famille d'accueil, le rôle de l'intervenant dans le programme des familles d'accueil est d'offrir « l'aide, les conseils et l'assistance à la famille d'accueil, afin de l'appuyer dans ses efforts de jouer un rôle approprié ». Les visites périodiques au domicile de la famille d'accueil lui sont aussi assignées.

Plus en détail, dans le manuel de travail (2001)[18], les tâches des travailleurs des ressources dans le programme des familles d'accueil est de recruter, d'orienter et d'effectuer l'évaluation des parents d'accueil potentiels, d'offrir un soutien continu aux parents d'accueil, de planifier les formations en groupe et les programmes de soutien pour eux.

3.1.2. Analyse des problèmes et des solutions, et les stratégies proposées

Les problèmes qui existent dans le milieu de travail peuvent être divisés en trois catégories :

1) L'harmonisation du milieu de travail, en réunissant des services fragmentés pour le bien-être de l'enfant

L'approche clinique (*case work*), qui est une approche réactive à laquelle on a recours pour le traitement régulier des problématiques, est celle qui prédomine dans notre milieu de pratique.

L'approche réactive se définit par des services individuels qui sont procurés au moment où la situation est très détériorée et que les ressources d'aide dans le milieu sont, ou absentes ou dépassées. En même temps que s'aggravent les comportements symptomatiques, les ressources d'aide s'épuisent et se raréfient. Le professionnel n'a d'autre choix que de « réagir » en dernier recours et de procurer un service intensif, souvent en retirant le client identifié de son milieu. Le professionnel doit alors assumer l'entière responsabilité de la prise en charge, puisqu'il ne peut compter sur

---

[18] *Foster Family Association (FFA) Handbook*, Batshaw Youth and Family Centres, April 2001.

l'aide naturelle (Guay, 1996).

Dans le milieu de travail, à l'intérieur de l'établissement, cette approche réactive explique la pression qui se fait ressentir, la lourdeur de la charge de cas (*workload)* et la tension parmi les intervenants de différents programmes. En même temps, une relation inégalitaire, non constructive et autoritaire entre l'intervenant et la famille d'accueil définit le contexte de l'intervention où règne l'esprit du contrôle social. Cependant, le choix de l'approche pratiquée a été déterminé par la définition de la finalité des Centres jeunesse. Comme Chamberland (1998 : 6) le mentionne:

> Quelle est la finalité des CJM ? Réduire l'inadaptation sociale, gérer les risques susceptibles de menacer la sécurité et le développement d'enfants vulnérables ? Ou encore promouvoir avec l'aide de partenaires l'intégration symbolique, sociale et économique de jeunes en difficulté, c'est-à-dire un concept de soi positif, un sentiment qu'il a une place dans la société, qu'il appartient et participe aux réseaux sociaux et aux institutions de même qu'il joue un rôle actif dans le développement économique ? Dépendamment de la réponse à cette question, l'action à entreprendre variera.

Avec l'approche clinique, l'intervention vise davantage le premier, mais ignore le deuxième. L'approche du milieu, inspirée d'une pensée écologique visant l'harmonisation et la réadaptation (Chamberland, 1998 : 6), offre une possibilité d'exécuter les deux mandats. Elle conçoit le problème non pas uniquement en termes individuels, mais plutôt en termes transactionnels, où le jeune certes est acteur, mais les déterminants familiaux, communautaires et sociaux contribuent également à générer des menaces ou des occasions (Pransky, 1991). Cette approche donne une vision plus globale pour préparer une intervention pour le bien-être de l'enfant qui dépasse le territoire de l'enfant ou de la famille biologique, le milieu d'accueil et aussi l'école, l'église, le quartier, la communauté, c'est-à-dire, le microsystème comme individu jusqu'au macrosystème comme la société, la politique et la culture.

2) La position marginale de la communauté ethnique dans la définition des problématiques des Centres jeunesse

En tant qu'intervenante, la capacité de construire des jugements professionnels en observant et en analysant de l'information est primordiale pour les interventions. Ces jugements, cependant, sont influencés par leurs propres valeurs éthiques, comme le cadre de référence. Celles-ci ont été déterminées par les différents systèmes de valeurs de la société dominante, de la société minoritaire, de la profession du travailleur social, par celles de l'agence, des clients, de la famille de création, de la famille d'origine et par celles de l'Église (Fechan, 1989 : 6). On ajoute aussi des éléments culturels. Le travail de sensibilisation aux différences culturelles devient inefficace face aux normes déjà établies à l'intérieur de l'institution. Ceci inclut le processus de prise de décision, la définition des problématiques et la suite à donner aux mesures d'intervention. Notre intervention auprès de la famille d'accueil S illustre ceci.

Madame S est la mère d'une famille d'accueil d'origine jamaïcaine adepte des témoins de Jéhovah. Elle n'est pas d'accord avec l'utilisation du ritalin pour l'enfant – qu'elle appelle « ma fille » - placée chez elle depuis six ans. Au début, cette fillellete causait beaucoup de problèmes, dit madame S, par example, elle mordait et donnait des coups de pied au mari de madame S. Elle provoquait des problèmes dans sa garderie et à l'école, elle dérangeait et se battait avec les autres enfants. Quatre ans plus tard, selon madame S, en dépit du fait que les problèmes majeurs étaient déjà corrigés après de nombreux efforts, c'est sous la pression de l'école et en plus contre la volonté du médecin qu'on a donné du ritalin à l'enfant. Madame S ne considère pas les comportements de « sa fille » comme ceux d'une malade. Elle souligne que l'enfant se comporte bien à la maison et qu'elle joue bien avec les enfants de ses voisines. Selon elle, « sa fille » a seulement un problème d'écoute. Concernant l'éducation des enfants, madame S a été élevée avec ses frères et sœurs dans une famille monoparentale par sa mère, car son père est parti alors qu'elle était encore très jeune. Mais elle se rappelle avoir vécu dans cette famille d'amour où sa mère faisait de son mieux pour répondre aux besoins des enfants quant à la nourriture et aux vêtements. Même si leur vie matérielle était pauvre, elle était riche spirituellement.

En ce qui a trait à la discipline, la mère de madame S exerçait une discipline stricte. Quelquefois, elle tapait les enfants quand ils avaient des comportements déviants comme parler dans le dos de leur mère. Elle n'a jamais considéré les tapes comme de l'abus, car c'était une pratique habituelle et acceptable de discipliner les enfants à cette époque. Au contraire, elle est redevable à cette discipline stricte, parce qu'elle a appris l'autocontrôle, à être responsable et à respecter les gens et leur propriété. Elle véhicule ces valeurs dans sa propre famille. Elle ne tapait pas ses enfants quand ils grandissaient, et les enfants sont aujourd'hui reconnaissants. Par l'expression implicite de madame S dans nos conversations, elle souhaite pouvoir éduquer « sa fille » de la façon comme elle l'a fait avec ses propres enfants. Elle souligne que ceux-ci ont bien grandi et, aujourd'hui, ils travaillent comme professionnels au Canada et en Jamaïque, et ce, même après avoir vécu une séparation de neuf ans alors qu'elle était venue seule effectuer du travail domestique au Canada. Elle souligne qu'avec une éducation religieuse, l'enfant se comportera d'autant mieux.

Dans cet exemple, le ritalin représente une culture quant au bien-être de l'enfant dans la société industrialisée occidentale, où les enfants comme cette fille placée sont définis comme « dérangeants ». Cette définition risque de provoquer un choc pour les individus et famililles provenant d'autres cultures comme la plupart des immigrants provenant des pays en voie de développement. L'utilisation du ritalin est-elle mieux que la correction physique sur le plan du développement individuel, une question que se pose madame S ainsi d'autres familles immigrantes? Comment reconnaître les mesures alternatives que les communautés culturelles pratiquent dans les soins aux enfants placés? Où est la place de la famille d'accueil provenant d'une telle communauté dans ce processus de décision ?

En effet, cet exemple illustre seulement l'un des dilemmes rencontrés dans nos interventions au Centre jeunesse. Étant une intervenante provenant d'une société en voie de développement, nous témoignons des influences du processus de l'industrialisation où la cellule familiale devient de plus en plus fragile et est « envahie » par l'idéologie individualiste ; c'est une opinion partagée également par beaucoup de Chinois. Être porteur d'une mentalité collectiviste ou familiale, tout en travaillant dans un milieu dominé par l'individualisme, constitue une confrontation persistante dans notre pratique.

Nous sommes confrontée à d'énormes questions : Quelles sont les sources des difficultés rencontrées par les enfants? Est-ce que ce sont les difficultés vécues par les parents « drogués, prostitués, alcooliques ou négligents », qui poussent les familles à abandonner l'enfant ou qui font qu'ils ne sont pas capables d'en prendre soin? Pour quoi et comment ont-ils développé ces difficultés? Est-ce la pauvreté, la culture de consommation, la baisse des valeurs d'une société, de la religion et la crise d'adolescence font qu'une société devient de plus en plus permissive? Est-ce avec l'enfant que l'on doit travailler ou avec les parents, ou les deux à la fois? Et comment ?

Et plus, dans la documentation du Centre jeunesse Batshaw, le but des interventions est défini de façon suivante : « viser à préserver l'unité de la famille et à renforcer les liens familiaux en considérant les meilleurs intérêts des enfants et des jeunes ». Sous l'angle de l'interculturalisme, la définition des « meilleurs intérêts des enfants et des jeunes » peut provoquer d'énormes discussions autour des devoirs, des obligations familiales et des droits de l'individu et de l'enfant entre la perspective individualiste et collectiviste.

3) Une zone grise dans l'agenda des Centres jeunesse concernant la communauté chinoise

La position de la communauté chinoise est marginale dans le réseau de la santé et des services sociaux dans la société québécoise formée de « deux solitudes » : les francophones et les anglophones. Deux réseaux distincts d'institutions divisées selon les lignes ethnolinguistiques se sont développés et ils sont encore caractéristiques du réseau de la santé aujourd'hui. Cette division a des répercussions sur la communauté chinoise. Les parents chinois parlent généralement l'anglais qui est leur deuxième langue. Suite à l'application de la loi 101, les enfants issus d'une famille chinoise ont commencé à fréquenter les écoles publiques françaises. Sur le plan institutionnel, cette communauté est classée de la communauté allophone et par conséquent les signalements sont pris en charge par un Centre jeunesse francophone. Cela cause des difficultés importantes de communication entre les parents chinois et les intervents du CJ du fait que les parents se trouvent souvent exclus des interventions.

En ce qui concerne le bien-être de l'enfant au niveau du traitement, le système institutionnel fait peu référence à la façon d'aider les jeunes à vivre dans un milieu multiculturel, d'aider les parents à prendre conscience des changements que vit leurs enfants ou de les aider à trouver des moyens de les supporter dans leur démarche. Il éprouve surtout des difficultés à dépister les problèmes liés au choc culturel que vivent les enfants immigrants, comme ceux dans la communauté chinoise, et à prévenir l'apparition des problèmes de comportements chez eux. Quant à la communauté chinoise, d'un côté, le taux de signalement au Centre jeunesse Batshaw est très bas, et d'un autre côté, une angoisse de plus en plus grande se fait sentir chez les familles immigrantes chinoises concernant le développement de leurs enfants.

3.2. L'intervention dans le milieu communautaire : le Service à la famille chinoise du Grand Montréal

3.2.1. L'intervention en situation de crise et le soutien individuel et familial

Le Service à la famille chinoise du Grand Montréal est un organisme communautaire situé dans le quartier chinois à Montréal. Il offre des services dans la communauté depuis 1976 pour faciliter l'établissement des nouveaux immigrants chinois et leur intégration à la société d'accueil. Les services comprennent le programme d'accueil, de l'employabilité, de classe de francisation, des bénévoles et de soutien aux individus et aux familles. Il y a trois intervenants travaillent à l'accueil, un au programme de francisation, un pour celui des bénévoles et une pour le soutien aux individus et aux familles. Ces intervenants parlant le chinois et français proviennent de différents domains et sont principalement formés en chine. A part de ces employés reguliers, on ajoute des bénévoles et des stagiaires.

Dans le rapport annuel du SFCGM de l'an 2002-2003, « les chiffres démontrent une augmentation de la clientèle et nos services sont requis particulièrement dans les cas de divorce, de violence conjugale, de problèmes avec les adolescents, des démêlés avec la justice, de santé mentale, etc. ». L'écart entre les demandes élevées d'intervention pour les individus et les familles chinoises, et la capacité d'offrir des interventions pertinentes par le SFCGM devient de plus en grande, à la suite d'une forte augmentation des immigrants provenant de la Chine continentale depuis les dernières années.

Dans ce contexte, nous avons complété la deuxième partie de notre stage au SFCGM oú nous avons été en contact avec des familles souvent aux prises avec des difficutés en lien avec la sécurité de leurs enfants à l'école, à la garderie ou en instance de divorce. Nous avons été interpellé à intervenir dans différents contextes soit en situation de crise avec les personnes ayant des idéations suicidaires ou en soutien individuel et familial. Le mode et le lieu d'intervention varient selon la nature de la demande, y compris des interventions au téléphone, des rencontres au bureau ou à l'école, en individu avec le parent ou le jeune seul ou en famille, et de l'accompagnement à l'école. En somme, durant la période de quatre mois, nous avons intervenu auprès de sept famillies vivant des difficutés importantes : deux familles dont un enfant a été victime de violence à l'école et un autre à la garderie, deux familles ayant reçu des interventions de la DPJ, une famille dont les parents sont en plein conflit ouvert pour l'obtention d'une pension alimentaire pour leur fille de huit ans, une famille dont le fils de neuf ans ayant des difficultés d'apprentissage dans une classe d'accueil, et deux familles en butte à des difficultés concernant l'éducation de leur fils.

En se référant au modèle écologique, nous présenterons, dans la partir suivante, cinq études de cas pour illustrer les différentes problématiques et besoins réprésentatifs chez les jeunes d'origine chinois en train de s'intégrer à la société d'accueil. Dans ces cinq cas, on trouve soit des problèmes déjè éclatés, soit qu'ils sont en train d'émerger, soit qu'il existe certains facteurs de risque d'engendrer ces problèmes.

Tout au long de notre pratique, une autre approche que nous avons déjà mentionnée, celle de l'approche interculturelle, est aussi appliquée. Insipirée des pensées ethnologuiques et anthropologiques, Cohen-Émérique (1993) considère que l'approche interculturelle consiste en trois démarches, dont « la décentration pour mieux cerner sa propre identité socio-culturelle, la pénétration du système de référence de l'autre et enfin la négociation de la médiation » (Cohen-Émérique : 76). De cette optique, nous considérons que l'origine des situations conflictuelles est partiellement reliée aux différents cadres de référence que porte de chaque partie. L'approche interculturelle qui soulignant le « respect des différences » devient un outil pour nous aider à analyser l'origine des difficultés et à faciliter la communication afin de réaliser la négociation/médiation entre les différentes parties.

Problématiques liées à l'application de la Loi de la protection de la jeunesse et aux interventions concernant la protection

Dans la société multiethnique québécoise, la socialisation entre des enfants issus de communautés différentes amène des contacts plus fréquents entre leurs parents, dont chacun porte son cadre de référence propre concernant le bien-être de l'enfant. Tout au long de cette fréquentation, les confrontations culturelles dans la vie quotidienne entre eux sont mises à l'avant-scène et peuvent devenir dramatiques, surtout dans le domaine de l'application de la Loi de la protection de jeunesse. C'est ce qui s'est passé entre la famille de Ying et celle de Lydia.

Cas n° 1

Ying, une fille de 14 ans, est en deuxième année du secondaire dans une école privée de Montréal. Elle porte des lunettes, est maigre, surtout très timide en public. Tenant un bon dossier académique, elle est aussi une violoniste talenteuse et va jouer au concert partout au pays de temps à autre. Elle a une amie d'origine québécoise de son âge, Lydia, qui habite tout près, à qui elle peut se confier. Cependant, Ying n'a pas le temps de jouer avec Lydia, ainsi que d'autres amies, même les fins de semaine. Son horaire est toujours rempli puisque ses parents, surtout sa mère qui est très tricte, lui demandent de consacrer son temps aux études et à la munisque.

Un vendredi après-midi, peu avant son concert à Vancouver, au lieu d'aller pratiquer le violon, Ying est allée chercher Lydia. Les deux filles ont passé tout l'après-midi en se promenant sur la rue avant de rentrer ensemble chez Lydia. Entre temps, les parents cherchaient partout leur fille et ont essayé de la rejoindre sur son cellulaire. Ying n'a pas répondu aux appels de ceux-ci, puis a menti à sa mère de ne pas avoir entendu la sonnerie quand celle-ci l'a finalement rejointe au téléphone. Sa mère est devenue furieuse et lui a demandé de ne pas rentrer à la maison puisue Ying ne l'écoutait pas, et surtout avait menti à ses parents.

La mère de Lydia a ensuite signalé à la DPJ pour une deuxième fois l'abandon de l'enfant, et en même temps a confisqué le cellulaire de Ying. Quand le père avec le petit frère de Ying est venu chercher Ying peu après, elle n'a pas ouvert la porte. Après avoir été mise de la situation, la mère de Ying a fermé le dépanneur précipitamment et a emené toute la famille venir chercher Ying chez Lydia de nouveau. Devant la porte de Lydia, la mère de Ying avec le petit frère se sont agenouillés pour prier Ying de retourner avec eux, « c'est maman qui a tort, je ne devrais pas te dire de ne pas retourner à la maison, et tu connais bien maman, c'était parce que j'étais trop en colère d'entendre que tu mentais, c'était juste une chicane, tu ne devrais pas la prendre comme vraie, maintenant, sors et retourne avec nous, on t'attend, on t'attend ici… »

À l'intérieur, la mère de Lydia a bloqué la sortie du sous-sol où pleuraient Ying et Lydia. Le père de Lydia a persuadé sa femme d'ouvrir la porte. Lorsque la porte s'est ouverte, la mère de Ying a voulu entrer, mais la mère de Lydia l'a poussée dehors et celle-ci a failli tomber dans les escaliers. Puis, la famille de Ying a appelé le 911.

Les policiers sont venus et ont demandé à la famille, sauf Ying, de rentrer chez elle et d'attendre l'intervention de la DPJ. Trente minutes plus tard, Ying est rentrée avec un intervenant de la DPJ. Après avoir parlé avec toute la famille, l'intervenant d'origine causasienne, a tiré sa conclusion. D'après lui, d'un côté, les parents n'ont pas abandonné Ying, même qu'ils l'accordent trop d'attention par fois, surtout qu'ils ont des attentes très élevées concernant l'éducation de celle-ci. D'autre côté, Ying doit-il respecter ses parents et les aviser de ses plans à l'avance. Donc, le signalement n'a pas été retenu.

Dans les jours qui suivirent l'incident, la mère de Ying est tombée malade. Elle n'a pas pu travailler, ni faire les repas pour toute la famille, ni manger. Elle s'est fâchée contre sa fille de ne pas apprécier tous les sacrifices que consentent ses parents pour son bien et d'avoir causé des « mauvais traitements », de l'humiliation qu'elle a subies chez Lydia. Elle considère que la mère de Lydia avait enlevé sa fille et l'attribue à un motif raciste. « Lydia a déjà raconté à Ying que sa mère n'aime pas les Noirs, les Vietnamiens et les Chinois. Le fait qu'elle signale à la DPJ une fois et encore est pour nous déranger ». Cet incident a génèré chez la mère de Ying une honte pour toute sa famille et elle n'en voulait en parler à personne. L'après-midi de la deuxième journée, elle a erré en voiture dans les rues de Montréal et a eu l'envie de se suicider. Elle a finalement téléphoné à un jeune couple chinois qui venait d'arriver à Montréal et leur a raconté l'histoire. Ces derniers lui ont conseillé de chercher de l'aide auprès du Service d'aide à la famille chinoise du Grand Montréal.

A. Profil de la famille Ying

La famille de Ying habite dans un ancien quartier ouvrier à Montréal. Il y dix ans, la famille a immigré au Canada losque Ying avait quartre ans. Six ans après, la famille a eu son deuxième enfant, le petit frère de Ying.

La mère de Ying, s'appellant madame Xu, est le chef dans la famille. Elle est dans la quarantaine, de taille moyenne avec les chevaux courts. Elle est expressive et autodéterminée. Avant de venir au Canada, elle était professeur à l'université, et son mari, ingénieur en électricité. Après s'être installé, le couple a acheté un commerce et sont devenus les propriétaires d'un dépanneur de quartier. La famille entretient des contacts avec des familles chinoises travaillant dans des dépanneurs à Montréal. Cependant, madame Xu ne leur a jamais raconté cet incident en raison de honte issue d'une expérience accumulant des humiliations, sauf au jeune couple mentionné plus haut, qui est arrivé récemment.

a) Éducation familiale

Ying a un horaire très chargé. Depuis qu'elle avait huit ans, une fois par semaine, ses parents l'envoient à des cours de violon, comme le font beaucoup de gens de leur entourage chinois. Ses parents sont très dévoués. Même si Ying a déjà 14 ans, tenant compte du poids du violon, son père ou sa mère l'amène chez le professeur, soit en métro, soit en voiture, et vient la chercher, sauf exception. Le professeur est un ancien professeur de musique d'une université bien connue en Chine. Beaucoup de ses élèves deviennent violonistes professionnels plus tard et jouent dans des orchestres bien connus. Selon lui, Ying est également sur cette voie. Il est strict, mais aussi très sympathique avec ses élèves. À part les cours du violon, Ying fréquente aussi l'école chinoise les samedis pour les cours de chinois, de mathématiques et d'anglais. Les dimanches, demandée par ses parents, elle doit rester à la maison pour faire ses devoirs.

La mère, madame Xu, aime comparer sa fille avec ses autres enfants chinois. Elle reproche sa fille toujours d'être trop timide, de ne pas savoir prendre de l'initiative en public, de ne pas aider la caissière dans son travail ou de ne pas prendre soin de son petit frère à la maison, surtout d'être de plus en plus rebelle à la maison après avoir rencontré Lydia.

b) L'histoire précédant la rencontre avec la DPJ et la relation entre la famille Ying et celle de Lydia

L'an passé, en 2003, pour mettre fin à une chicane entre elle et son petit frère de quatre ans, sa mère a blâmé son père de ne pas savoir comment éduquer les enfants. Évoqué sous le coup, son père, une personne discrète, a fait peur à Ying en brisant sa raquette de tennis. Sortant très tôt le lendemain, il lui en a acheté une neuve et coûteuse pour compenser son comportement impulsif. Ying a confié cette histoire à Lydia, en jouant au tennis avec elle plus tard. C'est le premier signalement à la DPJ fait par la mère de Lydia en prétextant de l'abus. Un intervenant causasien est venu chez Ying. Après l'entrevue, il a identifié que les parents portaient trop attention aux études de leur fille adolescente. La DPJ a ordonné des mesures volontaires aux parents, dans lesquelles ceux-ci devraient accorder du temps à leur fille adolesente pour des activités sociales, comme les sorties de fin de semaine.

Les interventions de la DPJ se sont déroulées en anglais avec laquelle l'intervennt et les parents de Ying arrivaient à peine à se débrouiller. Cette situation ne facilitait pas les parents à comprendre la mission ni le rôle de la DPJ qui leur était un concept tout à fait nouveau. Les parents essaient de suivre les mesures avec une certaine suspicion. Ils gardaient surtout un sentiment d'injustice et de colère envers la mère de Lydia, d'après eux, qui voulait se mêler dans leurs affaires d'éduquer les enfants. Pour éviter celle-ci de continue à intervenir dans leur vie privée, la mère de Ying demandait à Lydia de couper le lien avec Lydia.

Du côté de la famille de Lydia, la mère de Lydia lui a aussi averti de ne pas jouer avec Ying et lui a interdit d'aller chez celle-ci puisque, d'après elle, les parents de Ying étaient violents. Malgré ces pressions, les deux filles continuent à se fréquenter mais elles se voient plus en cachette. Lors de la fête d'anniversaire de Ying, les gâteries, comme les nourritures délicieuses bien préparées par la mère de Ying pour les enfants invités, ont beaucoup impressionné Lydia qui voit celle-ci plutôt « une bonne mère », puisqu'elle accorde beaucoup d'attention à ses enfants ; « je ne suis pas d'accord avec ma mère, je trouve que ta mère est bonne et je l'aime », dit-elle à Ying.

B. Accueil

Référée par l'Acceuil du SFCGM, madame Xu nous a rejoint en pleurant au téléphone. Deux jours auparavant, elle avait déjà tenté les démarches, soit que personne ne lui a répondu au téléphone ou que l'on lui a demandé de venir au bureau sans lui avoir accordé du temps d'écouter. Madame Xu se sentir profondement blessée et rejettée par sa propre communauté puisqu'il lui s'agissait de la première fois, depuis dix ans, d'avoir fait une demande d'aide à SFCGM qui lui était le dernier recours. En fouillant dans des anciens journaux chinois, elle a réussi à trouver les coordonnées d'un organisme chinois situé sur la Rive-Sud. Il lui a fallu beaucoup de courage pour se décider à téléphoner de nouveau. Cette fois, l'accueil était plus généreux et une dame l'a écoutée au téléphone. En racontant son histoire, madame Xu est devenue agitée et s'est mis à beaucoup pleurer. Cette intervenante a ensuite aidé madame Xu à nous rejoindre au téléphone. En ayant vécu tout récemment une mauvaise expérience avec le SFCGM, madame Xu était réservée et parlait peu. Seulement après avoir été rassurée de ne pas avoir besoin de se déplacer au bureau, elle a commencé à nous raconter son histoire et ses demandes d'aide.

Les demandes de la mère de Ying

I. Poursuivre la mère de Lydia pour avoir séquestré sa fille.

II. Aller voir la mère de Lydia et lui demander les motifs de ses intruisions dans leur vie privée et familiale (mais Ying a prié sa mère de ne pas y donner suite).

III. Ou demander à son mari d'envoyer une lettre recommandée à la mère de Lydia pour lui signifier que la famille voudrait :
   - Déposer une plainte contre la mère de Lydia, qui n'a pas le droit d'intervenir dans leur vie familiale ;
   - Demander à la mère de Lydia de s'excuser pour la rudesse de son comportement, comme empêcher Ying de retourner chez elle, et pour avoir poussé brutalement la mère de Ying dehors.

IV. Aller chercher de l'aide à l'école de Ying pour résoudre les problèmes entre les deux familles.

C. Les interventions

a) Intervention individuelle auprès de la mère

Les interventions auprès de madame sont divisées en deux étapes principales. Au premier contact téléphonique, l'approche en situation de crise est adoptée, pour bien calmer madame Xu ; l'horaire de rencontre est établi selon la disponibilité de la famille Xu, mais aussi dans le but de l'aider à formuler ses demandes, de fixer les priorités pour réagir. À la fin de ce premier contact, il est important d'assurer un suivi avec elle, d'aller ensemble contacter la DPJ et de travailler sur le cas de Ying.

Lors du deuxième contact, un samedi matin à l'école chinoise, en utilisant l'approche interculturelle, l'accent est mis sur la façon de dégager la dynamique entre madame Xu et sa fille, et faciliter la compréhension de madame Xu de l'application de la Loi de la protection de la jeunesse.

Madame Xu était encore fâchée pour deux raisons. En ce qui concerne sa fille, elle lui en voulait à cause de sa divulgation de certaines choses familiales à Lydia, ce qui a entraîné l'intervention de la mère de Lydia et de la DPJ. Elle lui reprochait aussi son manque d'autonomie, c'est-à-dire de se laisser, par la mère de Lydia, priver de son cellulaire et être enfermée chez elle. Quant à la mère de Lydia, madame Xu considère que cette dernière a commis un enfermement illégal, qu'elle n'avait pas le droit de faire, et le racisme chez la mère de Lydia est également mis en cause.

Nous l'avons écouté. En ce qui concerne les dynamiques entre madame et sa fille, nous avons introduit le concept d'« autonomie », un terme très répété dans la société d'accueil concernant l'éducation de l'enfant. Grâce aux événements qu'elle nous a racontés, nous avons tenté de lui démontrer que sa fille n'avait pas pu développer l'autonomie qu'elle attentait d'elle. Premièrement, les parents ne lui ont jamais donné la chance de prendre de décision. Deuxièmement, la différence entre le système d'éducation en Chine et celui de la société d'accueil est un fait. Nous lui avons expliqué que, dans la société d'accueil, on met l'accent sur les facettes physique, émotionnelle, cognitive et sur l'autonomie du développement de l'enfant. Nous avons mentionné certains écarts dans les conceptions entre la société d'accueil et les familles immigrantes. Même si madame Xu a donné beaucoup d'elle-même pour élever sa fille, elle ne montre pas son affection verbalement, au contraire, elle critique beaucoup les comportements de celle-ci. Troisièmement, nous avons essayé d'expliquer l'influence culturelle sur la relation parent-enfant. Dans la culture chinoise, montrer sa fierté des progrès de l'enfant en public n'est pas considéré comme de la modestie chez une personne bien éduquée.

Dans la société d'accueil, on souligne l'importance de démontrer de l'affection, de faire des commentaires positifs à l'enfant pour renforcer son estime de soi. Nous avons également mentionné d'autres facteurs qui pèsent sur la relation parent-enfant dans la société d'accueil, comme l'influence des pairs à l'école, c'est-à-dire l'influence de Lydia. Ceci pourrait entraîner une découverte chez sa fille d'un autre type de relation de confiance en dehors de la relation parent – enfant, telle que l'amitié. Par conséquent, il peut commencer à déséquilibrer l'ancienne relation déjà bien établie entre madame Xu et sa fille, qui souligne davantage la soumission de l'enfant et les obligations familiales en ignorant souvent les droits de l'individu, y compris ceux de l'enfant.

Pour comprendre les comportements de la mère de Lydia, nous avons commencé par expliquer la Loi de la protection de la jeunesse du Québec et ses influences pour implanter l'évaluation des habiletés parentales en public : le contexte dans lequel on applique la Loi de la protection de la jeunesse, le rôle de la DPJ, les raisons pour lesquelles ceux qui ne sont pas membres de la famille, comme les voisines, les piétons, le personnel de l'école et de la garderie ont le droit de signaler un comportement à la DPJ et d'intervenir dans la vie familiale des autres concernant le bien-être de l'enfant.

À la fin de cette rencontre, madame Xu s'est sentie très soulagée. Elle a mieux compris l'application de la Loi de la protection de la jeunesse, les comportements de la mère de Lydia et sa perception du développement de l'enfant. L'hostilité envers la mère de Lydia a beaucoup diminué. Elle a fait voir un peu de malaise en constatant que ses façons d'éduquer son enfant étaient remises en question. Elle acceptait de continuer à réfléchir sur ces nouveaux concepts. Avant que nous terminions la rencotre, madame parlait du changement déjè porté à la maison, par example, elle a déjà autorisé que Ying sorte davantage les fins de semaine une fois que celle-ci termine ses études. Elle a aussi invité les amis de Ying, y compris Lydia, à venir jouer à la maison.

b) Rencontre avec Ying

Notre plan pour rencontrer Ying a pour but d'identifier les difficultés qu'elle a, surtout avec sa mère, d'évaluer sa motivation et d'identifier ses besoins pour changer la situation.

Après que la partie de la rencontre avec madame Xu est terminée, celle-ci nous a amenée voir sa fille, qui devait être en classe. Madame Xu est devenue nerveuse quand on n'a pas aperçu Ying. Quand on l'a finalement trouvée dans un coin à l'extérieur de la classe, il y avait de la panique et de l'angoisse dans les yeux de Ying en voyant arriver une étrangère. Elle nous a expliqué d'une voix très faible et basse que c'était un examen et qu'elle était en retard. Devant nous, madame Xu l'a critiquée de ne pas savoir se débrouiller tout en même temps l'aidant à s'installer dans la classe. À cause de cet événement imprévu, l'intervention auprès de Ying a du être réaménagée. Lors de cet incident, nous avons compris la complexité d'améliorer la relation entre la mère et sa fille. Les interventions envisageant la conscientisation aux problèmes sont seulement en amorce, il faut avoir des suivis, d'une part, pour renforcer le changement d'habitudes quant aux habiletés parentales, d'autre part, sur l'autonomie de l'adolescente.

c) Accompagnement auprès de la DPJ – aspect d'*empowerment*

Quant à l'accompagnement de madame Xu auprès de la DPJ, nous avons envisagé la tenue d'une rencontre entre la mère de Ying et celle de Lydia, comme le demandait la famille Ying, dans le but d'améliorer la relation entre les deux familles et d'assurer la socialisation normale entre les deux filles. La rencontre n'a pas eu lieu puisque l'intervenant a refusé de s'engager en pretexant que le signalement n'avait pas été retenu. Selon lui, le Service d'aide à la famille chinoise du Grand Montréal en avait la responsabilité.

D. Discussion

La présentation de ce cas illustre plusieurs difficultés dans les interventions qui visent l'application de la Loi de la protection de jeunesse auprès d'une famille chinoise.

Premièrement, le manque de promotion de la LPJ dans la communauté immigrante constitue un grand défi pour l'application de la loi. La famille de Ying a été suivie pendant un an par la DPJ, faute de connaissance de cette loi, elle n'est pas arrivée à comprendre l'intervention de la DPJ. L'intervenant de la DPJ, faute de compétence interculturelle, n'est pas arrivé à saisir les écarts quant à la compréhension sur les droits des enfants entre la société d'origine de la famille immigrante et la société d'accueil. En ignorant les sources fondamentales des problèmes entre la mère et l'adolescente, entre la famille d'origine chinoise et québécoise, l'intervention de la DPJ reste palliative. Dans la divulgation de LPJ sur les droits de l'enfant, qui sont basés sur le concept d'individuation, il faut tenir compte des impacts de la vie immigrante sur la famille pour ne pas porter atteinte à l'équilibre entre les droits et les obligations, et le système familial qui est déjà fragilisé par la vie immigrante.

Deuxièmement, le manque de ressources au niveau du suivi psychosocial pour assumer la continuité des services compose un autre défi pour les familles chinoises vivant des difficultés en lien avec la vie immigrante. La perspective écologique met en relief que le bien-être de l'enfant réquiert des interventions situent aux différents niveaux, c'est-à-dire, en amont et en aval des problèmes. Dans le cas de la famille Ying, nous nous posons les questions suivantes : Qui prendra la relève du suivi de la famille de Ying pour renouveler la connaissance des habiletés parentales et renforcer les changements, afin d'aider à améliorer la relation parant-enfant et de normaliser la relation entre deux familles d'origine culturelle différentes ? Existe-t-il un accord qui assume la continuité des services entre la DPJ dont les interventions situées en aval des problèmes, et le CLSC, qui a un mandat de prévention ? Quant au SFCGM, son mandat restreint dans le cadre d'un organisme communautaire visant principalement à offrir les services d'accueil des nouveaux arrivants chinois, et sa situation sous-financée ne lui permettent pas d'offrir des services du suivi psychosocial aux familles chinoises dans le domaine précis de l'application de la DPJ.

Finalement, il existe un désaccord entre les chiffres documentés dans le réseau publique de la santé et des services sociaux et ceux provenant de la communauté chinoise quant au nombre des jeunes chinois vivant en difficulté. Le taux de signalements à la DPJ provenant de la communauté chinoise est généralement très bas, par exemple, dans la Montérégie, on n'en dénombre que deux par année[19], comparé au nombre de huit familles qui ont fait la demande dans quatre mois au SFCGM où nous avons été interpellé à intervenir[20]. Cette comparaison risque d'être hative cependant nécessaire pour nous donner un aperçu quant à la sous réprésentation des familles chinoises dans l'utilisation des services dans les institutions publiques. Cette sous réprésentation est également retrouvée dans le domaine de la recherche, par exemple, celles de Messier, Doray et Parisien (1992) et Messier et Toupin (1994) concernant les interventions de la DPJ. Par conséquent, elle donne souvent une image de bon fonctionnement quant au développement des jeunes immigrants d'origine chinoise dans la société d'accueil ; pourtant, leurs diverses difficultés tout au long du processus d'intégration sont ignorées par les institutions travaillant auprès des jeunes. Devant cette réalité, quant à la stratégie du « partenariat » entre la DPJ, le CLSC et

---

[19] L'information provient de l'enquête téléphonique avec l'intervenant du CLSC Samuel-de-Champlain à Brossard, en 2003.

[20] Nous n'avons pas le chiffre provenant du CLSC quant aux familles chinoises qui consultent en lien avec leurs jeunes en difficulté. D'après nous, le chiffre risque très bas étant donné de la barrière linguistique puisque les services du CLSC sont offerts en français sauf quelques exceptions.

l'organisme communautaire comme le SFCGM auprès de la clientèle issue de la communauté chinoise, nous considérons que le programme du groupe visant les habiletés parentales devrait constituer une priorité.

Problématiques liées à l'adaptation à l'école et interventions préventives

Au cours du long processus d'adaptation à l'école, les difficultés vécues par les jeunes élèves d'origine chinoise sont rarement dépistées et peuvent être mal interprétées par le personnel. En cause ici, entre autres, sont les différentes perspectives concernant l'éducation de la famille immigrante chinoise et celle du personnel de l'école, les modalités d'apprentissage différentes entre la Chine et la société d'accueil. Aussi, à cause du peu de ressources préventives visant les jeunes immigrants dans la société d'accueil, une grande partie des jeunes élèves chinois risque de ne pas recevoir de l'aide ou des services appropriés pour s'en sortir. Les cas de famille Zhang et de famille Ging reflètent cette réalité.

Cas nº 2

Référé par un ami, monsieur Zheng est venu chercher de l'aide. Immigré au Canada il y a trois ans, il est dans sa quarataine, divorcé et vit avec son fils, Liang, âgé de 16 ans, dans un quartier d'immigrants. Originaire du nord de la Chine, monsieur Zheng était ingénieur en topographie. Il travaille maintenant sur appel. Monsieur Zheng sent dépassé et épuisé par la situation du fils adolescent qui est dans la classe d'accueil d'une école multiethnique depuis un an et demi. Celui-ci présente beaucoup de difficultés d'apprendre le français et se bat avec d'autres élèves à l'école. A la maison, il se rebelle et s'adonne au jeu de vidéo pour chasser d'ennui car il n'a pas d'amis. Cette situation rend monsieur Zheng frustré. Il devient de plus en plus impatient auprès du fils à qui il fait des menaces verbales et applique des châtiments physiques pour le discipliner. Il aimerait changer sa façon d'éduquer son fils. Il a contacté plusieurs organismes pour avoir de l'aide et chercher le groupe de parents et d'enfants pour s'entraider. Cependant, pour diverses raisons, soit à cause des frais de participation, de la distance, d'un conflit d'horaire ou de la différence culturelle, il considère les services comme inutiles pour ses besoins.

A. Intervention à la phase d'identification des difficultés vécues par l'adolescent et par sa famille

En tenant compte de l'horaire varié du monsieur Zheng, nous l'avons rencontré deux fois et lui avons parlé également deux fois au téléphone. Puisqu'il s'agit d'une personne très rationnelle et organisée, notre intervention est centrée d'abord sur l'écoute, afin de l'aider à identifier les difficultés vécues par Liang et ensuite à cerner les ressources appropriées à ses besoins.

Lors de l'analyse, plusieurs difficultés renocntrées par Liang ainsi que la famille sont devenus plus claires. Premièrement, il s'agit de la difficulté de l'apprentissage du français de Liang à l'école, qui avait reçu le bulletin étalant souvent des D, C ou E pendant toute la première année dans la classe d'acceuil. Les devoirs terminés par celui-ci en 10 minutes à la maison sont immédiatement mis en cause par monsieur Zheng, qui les compare aux quatre heures ou plus qu'ils exigeaient en Chine. Il essaie d'aider son fils en cherchant activement des stratégies pour le faire, comme demander à Liang de lire des journaux français et écrire une demi-page en français sur n'importe quel sujet chaque jour. Ces méthodes fonctionnent bien. Son fils fait des progrès et il a reçu B-, cette année. Cependant, quant à la communication orale, il éprouve toujours beaucoup de difficulté. Cette fois, il ne s'intéresse plus aux suggestions de son père : socialiser avec d'autres adolescents que chinois, malgré les effots faits par son père qui a tenté de créer des occasions, par example, inviter ces jeunes à la maison, afin que son fils puisse établir des liens d'amitié avec eux. Au fond, Liang trouve qu'il lui est trop difficile de s'exprimer librement en français et en plus d'aborder les sujets communs avec les jeunes autres que chinois.

Deuxièrement, il s'agit du manque de ressources appropriées aux jeunes, surtout des groupes pour occuper les jeunes et leur ouvrir des horizons après les cours à l'école comme ce que l'on fait en Chine, les « groupes d'intérêt » organisés par l'école. Cette situation, d'après monsieur, d'un part, engendre un danger de laisser les adolescents comme son fils dans la rue sans encadrement, d'autre part, de ne pas favoriser la socialisation entre ces jeunes après les études accademiques. L'année passée, monsieur Zheng a été très étonné d'apprendre que son fils avait joué aux cartes et gagé avec ses amis chinois dans un autre quartier. Après l'avoir disputé, monsieur Zheng a commencé à chercher d'autres sortes d'activités plus saines pour son fils, comme les activités sportives au centre communautaire. Il remarque aussi que son fils a du talent pour jouer de la musique mais il n'arrive pas à lui payer les cours en raison monétaire. Quant aux ressources du CLSC, monsieur Zheng dit ne pas connaître le CLSC et il ne l'a jamais consulté.

Troisièmement, les conflits interethniques entre les adolesents associé au phénomène de discrimination à l'école. Son fils a été intimidé par un adolescent d'origine russe, et les deux se sont battus. « Ce garçon discrimine les enfants chinois verbalement ou les harcèle, les autres enfants chinois gardent silence, mais, mon fils ne veut pas, il réagit… ». Selon monsieur, le manque de programmes s'adressant aux élèves et aux parents à l'école sur la promoition du multiculturalisme au Canada contribue à la cause. Dû à un manque de connaissances sur cette politique et son application, monsieur sent dépourvu de stratégies qui serviraient à aider son fils à s'adapter à sa société d'accueil. « On ne sait pas quelle culture doit être adoptée comme repère pour guider notre enfant. Ici, chaque communauté ethnique se ghettoïse, on ne se fréquente pas, et les enfants, comme le cas de mon fils et de l'enfant russe, utilisent la violence pour régler les conflits ».

Quatrièmement, il s'agit du manque d'autonomie chez son fils qui n'arrive pas à se débrouiller face aux nouvelles situations. Un fois, par méconnaissance des règlements concernant le recyclage, son fils a jeté des morceaux de verre dans la poubelle à déchets. Il a été sévèrement grondé par le propriétaire qui lui a demandé d'aller dans la poubelle et de les ramasser. Face à la menace de recevoir une amende, son fils l'a fait en y entrant à quatre pattes et en pleurant. Quand il est retourné à la maison, monsieur Zheng a remarqué que les doigts de son fils saignaient. Il était choqué par la cruauté du propriétaire, en même temps, était déçu de voir que son fils n'avait pas su se défendre devant celui-ci.

En prenant conscience des difficultés vécues par son fils, monsieur Zheng se mobilise tout en reconnaissant ses limites. Sa situation financière se détériore après l'immigration. L'ancien superviseur en génie topographique et fonctionnaire du gouvernement en Chine, en rasion de connaissance insuffisante de la langue française et du processus complexe pour obtenir l'équivalent de son ancienne profession, ne peut plus travailler comme professionnel dans son domain. Aujourd'hui, il vit de petits contrats de rénovation de maisons. Son ex-femme, la mère de son fils, dirige une entreprise en Chin, mais elle ne verse pas de pension alimentaire pour l'enfant.

A part de cette détérioration économique, la vie monoparentale ainsi que l'horaire varié du travail rendent monsieur Zheng difficilement d'avoir un engagement accru dans la vie de son fils adolescent, surtout dans les activités des parents à l'école, comme les rencontres des parents. En effet, monsieur Zheng sent souvent jugé dans la communication avec le personnel de l'école. Même s'il parle anglais et qu'il se débrouille en français, il se frustre de ne pas toujours arriver à faire comprendre aux enseignants son point de vue quant aux discussions concernant les études et les comportements du fils.

Finalement, il s'agit des difficultés à jouer le rôle d'autorité parentale du monsieur Zheng pour éduquer son fils, surtout depuis que celui-ci est entré dans la période de l'adolescence et qu'il commence à se rebeller à la maison. Avant de venir au Canada, depuis l'âge de 16 mois, moment où les parents ont divorcé, Liang a toujours habité avec sa mère et il ne voyait son père que la fin de semaine. Malgré tous les inconvenients, monsieur Zheng a réussi à établir une communication ouverte avec son fils. Cependant, le stress de la vie immigrante et monoparentale rend monsieur Zheng perdre au fur et à mesure la patience d'éduquer et discipliner son fils. Il emploie des reproches verbaux, des châtiments physiques comme des mesures pour effrayer le fils dans le but de l'aider à « corriger » les comportements comme jouer aux cartes. Malgré sa prise de conscience des conséquences potentiellement néfastes de ces comportements sur le développement de son fils adolescent, monsieur Zheng n'arrive à peine à se contrôler. Il cherche les causes et essaie de trouver les solutions par lui-même : reconstruire une famille afin de partager les tâches familiales, mais en attendant, il se rend compte de la difficulté de reconstituer une famille dans la société québécoise. Pour l'instant, entre sa vie privée et son fils, monsieur Zheng considère son fils comme plus important. Il demande de l'aide pour trouver les ressources, comme le groupe de parents pour s'informer sur les façons les plus adéquates pour éduquer son fils adolescent et pour améliorer la communication entre eux, et également les ressources pour favoriser la socialisation de son fils.

B. Intervention à la phase de recherche des ressources pour la famille

Après avoir identifié ces difficultés, nous avons référé monsieur Zheng à plusieurs organismes qui offrent, soit des activités aux enfants, ou du soutien aux parents, y compris le CLSC de son quartier. Monsieur Zheng a contacté ces organismes, néanmois, il est déçu des résultats obtenus. Les principales causes sont : la longue distance à parcourir pour se rendre à l'organisme, qui se situe à l'extérieur du quartier; les services inappropriés, comme l'aide aux devoirs, qui s'adressent seulement aux élèves de l'école primaire; les frais réclamés pour les groupes de soutien aux parents; la qualité de la communication lors d'une consultation avec le CLSC.

C. Discussion sur le maintien de la langue maternelle et sur l'estime de soi de l'enfant

Durant ces interventions, la discussion concernant le maintien de la langue maternelle et l'estime de soi retiennent beaucoup l'attention de monsieur Zheng. Étant donné sa volonté très forte de s'intégrer et d'intégrer son fils à la société d'accueil au niveau linguistique et culturel, monsieur Zheng porte beaucoup attention au progrès de l'apprentissage de la langue française chez son fils, par exemple, demandant son fils de socialiser davantage avec les enfants d'autres origines. Cependant, la réaction du fils qui se montre peu motivé lui rend perplexe. Cette discussion aide monsieur Zheng à se rendre compte les différents défis développementaux d'un jeune tout au long de son processus d'intégration à la société d'accueil. Cette prise de conscience confirme l'idée du monsieur Zheng de continuer à chercher un groupe des jeunes dans le quartier pour favoriser la socialisation de son fils.

Avoir des difficultés de socialistion à l'école n'est pas un phénomène unique aux adolescents immigrants chinois ; de plus, déjà à l'école primaire, les enfants immigrants chinois, surtout les garçons, ont manifesté des difficultés dans leur adaptation à la vie à l'école, surtout au niveau de l'apprentissage de la langue française et de l'autonomie.

Cas n° 3

Ging, un garçon de neuf ans, est arrivé au Canada il y a deux ans. Il redouble sa classe d'accueil et éprouve beaucoup de difficultés à s'intégrer à la vie de l'école. Il ne s'exprime pas en français à l'école ni réalise les projects comme la présentation orale en classe. Dernièrement, il s'est laissé deux heures de temps découler et n'a rien écrit pendant un examen en classe. Devant cette situation, l'enseignante manifeste ouvertement son impatience. Elle a fait une demande de faire évaluer l'état mental de Ging puisqu'elle considère celui-ci comme lunatique. Elle lui reproche également le manque total d'autonomie, par example, de ne pas chercher de l'aide pour pouvoir se débrouiller.

Les parents de Ging, ingénieurs en Chine, ont immigré au Canada à titre de professionnel indépendant. Peu après leur arrivée, ils sont admis aux études en génie dans une université anglophone à Montréal. Sa mère, madame Cheng est rassurante de son approche « proactive » d'éduquer son fils ainsi de son approche « collaborative » de s'entendre avec l'enseignante. Elle a eu une rencontre ave cl'enseignante au début de l'année, à l'entremise d'une interprète dont le service est offert par les commissions scolaires pour faciliter l'intégration des nouveaux élèves issus des familles immigrantes. Cependant, cette rencontre ne porte aucun changement sur la situation de Ging à l'école. Contrairement aux numbreuses difficultés que Ging épreuve dans la classe d'accuiel, celui-ci, étant en troisième année en Chine, faisait parti des meuilleurs élèves dans la classe en ayant un très bon bulletin, surtout en mathématiques. La famille ne comprend pas où se situent les problèmes, ni comment aider son enfant.

La situation de Ging à l'école continue à se détériorer. Il ne parle plus en classe et devient très nerveux devant l'enseignante. Lors d'un examen récent en classe, l'enfant n'a rien écrit pendant deux heures. L'enseignante montre les signes de l'impatiente. Elle reproche que les parents chinois ne font pas d'efforts pour aider leurs enfants à apprendre le français. D'après elle, le fait que ceux-ci envoient leurs enfants à l'école chinoise ou qu'ils les amènent au quartier chinois pendant la fin de semaine nuit l'apprentissage du français de l'enfant.

A. L'accueil

La famille de Ging a été référée par le programme d'« Agent de liaison » dans le contexte communautaire qui a pour but d'améliorer la qualité de la communication entre l'école et les nouvelles familles immigrantes dont les enfants fréquentent les classes d'accueil. Selon l'enseignante, l'enfant présente un grand manque d'autonomie et un retard majeur sur l'apprentissage de la langue française. L'enseignante dit avoir tenté de différentes façons d'aider l'enfant, par example, de lui demander de venir la chercher quand il n'avait pas compris les instructions. Elle a aussi demandé à d'autres élèves d'aider Ging, par example, de lui expliquer comment faire les devoirs. Cependant, aucun de ces moyens n'a fonctionné avec Ging et la situation continuait à se détériorer.

Avant d'avoir l'occasion de rencontrer la famille de Ging, nous avons eu une briève rencontre avec l'enseignante et Ging à l'école. Sous la demande de l'enseignante, la rencontre a eu lieu durant la pause en classe. Avec une voix élévée d'un ton impatient, l'enseignante critique ouvertement devant toute la classe sur des difficultés que Ging rencontre. Celui-ci, étant débout à côté de nous, la tête baissée, est devenu très nerveux. Il a surveillé les réactions de son entourage, comme s'il y avait des élèves qui nous approchaient où nous écoutaient. Nous avons décidé d'arrêter de poursuivre la rencontre prévue avec Ging seul. Nous avons proposé une rencontre avec l'enfant et sa famille dans notre organisme en remettant à Ging nos coordonnées.

Deux jours après, madame Cheng et Ging sont venus. La mère est mécontente. Elle ne savait pas pourquoi l'enseignante lui avait demandé de venir nous rencontrer. Selon elle, son fils n'a aucun problème. Quant aux comportements de l'enfant, la famille n'a jamais reçu de plainte de l'école. Quant à l'étude, les parents ont déjà acheté un logiciel pour aider l'enfant à apprendre le français et pour faire des dictées à la maison. Toute la famille respecte l'enseignante. En même temps, madame Cheng redoute notre rôle d'intervenante dans le domaine du travail social et la nécessité de nous rencontrer. Pour elle, un travailleur social veut dire un bénévole (étant donné que la professionnalisation du travail social est assez récente en Chine. Dans la traduction chinoise, les deux termes se ressemblent et sont souvent mêlés par les Chinois.).

Nous avons pris le temps de l'écouter. Une fois que la mère a fini de parler, nous lui avons expliqué qui est la travailleuse sociale, la formation que nous avons reçue et le but du programme d'« Agent de liaison ». Nous avons souligné notre rôle comme médiatrice dans le but d'améliorer la compréhension mutuelle entre la famille et l'école et d'aider l'enfant à réussir à l'école, au lieu de chercher qui a tort dans cette situation. Madame Cheng n'est pas convaincue, au contraire, elle considère que nous exagérons la situation. D'après elle, elle tient une bonne relation avec l'enseignante et ne voit pas la nécessité d'avoir notre aide.

Tout au long de cette discussion, l'enfant reste silenceux. Après avoir échangé avec celui-ci, nous avons informé madame Cheng les discussions ayant eu lieu avec l'enseignante lors de notre rencontre à l'école : les difficultés que, selon l'enseignante, Ging a connues à l'école et la pression qu'elle sentait à enseigner à Ging. Nous avons ensuite demandé à la mère si elle considérait ces difficultés du point de vue de l'enfant. Mme Cheng s'est tue. Cela nous a permis de continuer notre intervention.

B. L'intervention

a) Intervention auprès de la mère et de l'enfant

L'intervention auprès de la mère et de l'enfant a d'abord visé à vérifier si Ging manquait d'autonomie à la fois à la maison et à l'école, et à en connaître les raisons. Nous avons rapidement remarqué que madame Cheng ne comprenait pas très bien le concept d'autonomie de l'enfant. Cela nous a invité à lui demander de nous décrire comment les parents réagissaient lorsque Ging ne savait pas résoudre une difficulté à la maison. La mère s'est mise à réfléchir et se rappelait que c'était toujours les adultes soit les grands-parents qui habitaient avec eux ensemble quand la famille était en Chine, ou les parents eux-mêmes maintenant, qui la résolvaient, au lieu de l'expliquer à l'enfant et de laisser celui-ci tenter de la résoudre.

La rencontre avec l'enfant seul avait pour but de voir si celui-ci présentait des difficultés verbales, de connaître sa motivation et les stratégies d'apprentissage qu'il utilisait en Chine, et ici, surtout pour apprendre le français. La conversation et l'observation sur les gestes non verbaux nous montrent que l'enfant ne manifeste aucune difficulté en parlant en chinois. Son articulation est très claire et ses phrases sont bien structurées. Quant à son apprentissage général, l'enfant n'a jamais rencontré de difficultés quand il était en Chine, au contraire, il faisait toujours partie des premiers de sa classe, surtout en mathématiques. C'est pourquoi il ne lui est jamais arrivé d'avoir eu le besoin de demander de l'aide aux autres élèves ni au professeur dans la classe. Il s'est rappelé que si l'on avait des questions, il fallait toujours demander à l'enseignant(e) après le cours. Selon l'enfant, demander de l'aide à ses camarades dans la classe est un signe du retard académique. Maintenant, le fait que l'enseignante demande à d'autres élèves de l'aider, de lui expliquer les instructions lui rend exessivement embarrassé ; même s'il n'a pas compris les consignes, il ne veut pas demander plus d'explications et il garde le silence.

Cette discussion avec l'enfant seul nous a également aidé à comprendre que, en effet, l'enfant est très motivé d'apprendre le français à la maison. Contrairement à ce que pense l'enseignante que l'enfant manque d'initiative et d'autonomie, celui-ci se débrouille bien avec l'ordinateur pour s'aider à faire ses devoirs étant donné que ses parents ne connaissent pas le français. Il obtient toujours un bon résultat en dictée en classe et a une très bonne calligraphie française.

Après avoir dégagé la situation du côté de l'enfant, nous l'avons encouragé à continuer à se débrouiller avec Internet. Pour rétablir son estime de soi, nous avons souligné ses forces à l'école, comme en mathématiques, en calligraphie et en dictée. Nous lui avons suggéré d'être plus détendu devant l'enseignante, car cette dernière n'avait pas l'intention de lui faire du mal, et en même temps, nous l'avons encouragé à pratiquer oralement, sans se sentir inférieur aux autres élèves. Quant à sa mère, nous lui avons expliqué davantage les pédagogies différentes des deux systèmes en Chine et dans la société d'accueil, surtot au niveau de l'autonomie, pour lui faire comprendre le point de vue de l'enseignante. Dans la société d'accueil, la capacité de se débrouiller, de mettre des mots sur ses émotions et ses besoins, et d'aller chercher de l'aide pour résoudre les problèmes est encouragée et est perçue comme une preuve d'autonomie. Après avoir compris la situation, la mère a complètement changé et est devenue très collaborative. Elle a repris nos explications sur le concept d'autonomie et a expliqué avec ses propres mots à son fils. Elle lui a également demandé d'avoir confiance en nous. Elle a aussi accepté de consulter les ressources du milieu français, pour que son enfant puisse socialiser en français après l'école comme ce qui a été demandé depuis début de l'année par l'école.

b) Intervention auprès de l'enseignante

L'enseignante ayant plus de vingt ans d'expérience dans le travail auprès des enfants a interprèté les comportements de l'enfant comme des problèmes mentaux. Elle reprochait le manque de volonté des parents à aider l'enfant à apprendre le français. Elle se plaignait et mettait en cause la culture chinoise de la famille. Elle n'acceptait pas les explications que nous avons données concernant les pédagogies différentes entre la Chine et la société d'accueil, la question, pour l'enfant, de sauver la face devant la classe, par exemple.

Nous avons donc ressenti la nécessité de sensibiliser le personnel dans le milieu des enfants sur la façon de travailler avec des enfants immigrants comme Ging, pour que celle-ci ne soit pas nuisible à l'estime de soi de l'enfant. Cette initiative a été prise au cours d'une rencontre organisée par l'équipe du programme Famille-Enfance-Jeunesse du CLSC du secteur. Suite à cette intervention, nous avons remarqué un changement de la part de l'enseignante qui démontrait plus d'ouverture dans nos échanges. Elle a été surtout étonnée d'entendre que l'enfant utilisait l'ordinateur pour faire ses devoirs et des dictées à la maison. Lors des interventions suivantes, dans la classe une fois par semaine durant la pose, l'enseignante, au lieu d'être plaintive, nous rapportait les difficultés qu'elle a obervées chez l'enfant durant la semaine et nous demandait d'expliquer à l'enfant afin de connaître les raisons. Au fur et à mesure, l'enfant a fini par comprendre mieux le point de vue et les attentes de sa maîtresse. Il a développé une confiance en nous et il est maintenant capable de nous parler de ses sentiments.

Après avoir vu le changement d'attitude de l'enseignante et le progrès de l'enfant, nous avons abordé une discussion avec l'enseignante sur les différentes perspectives entre la famille et l'enseignante concernant les modalités d'apprentissage du français. Dans notre pratique, nous entendons souvent les Chinois se plaindre que les pédagogies d'enseignement de la langue française dans les classes de francisation ne leur conviennent pas. Dans le cas de Ging, la mère demande toujours à l'enseignante de donner à l'enfant des devoirs d'écriture et de récitation de textes à faire à la maison. Ces demandes sont toujours refusées par l'enseignante, car, d'après elle, ce sont des « vieilles méthodes » qui font appel à la mémoire et qui sont rejetées par la plupart des enseignants à l'école dans la société d'accueil. Selon l'enseignante, participer aux activités sportives, jouer avec les enfants qui parlent français, écouter la radio ou regarder la télévision en français sont de bonnes façons d'apprendre le français. Pour nous, les deux ont raison.

Les résultats des recherches dans le domaine linguistique révèlent deux modèles principaux d'apprentissage de la langue : « par les oreilles » et « par les yeux ». L'apprentissage de la langue chinoise qui relève d'un système idéographique fait l'appel à cette dernière modalité (Hou, 2002). Étant donné qu'il n'existe pas de lien entre les sons et les mots, les enfants chinois, depuis l'âge 3 ans, commencent à écrire les caractères chinois, et c'est souvent un travail consacré beaucoup à la mémoire et à la répétition d'écriture. Cette modalité est bien illustrée par un cas que nous avons rencontré dans notre travail.

Un homme chinois âgé de 33 ans, immigré au Canada il y a deux ans et demi, vient chercher des activités pour améliorer son français. Il a commencé à apprendre le francais dans une classe de francisation pour les adultes, un programme offert par le Minister de l'immigration pour les nouveaux arrivants. Après trois mois d'études à temps plein, il a dû arêter pour poursuivre ses études à la maîtrise en génie électrique dans une université anglaise. Afin de pouvoir travailler éventuellemnt pour l'Hydro-Québec, une société d'Etat québécoise francophone, il continue à apprendre le français à la maison en utilisant une série de manuel composé de quatre livres chinois-français. Ces manuels édités par l'Institut sur les études des langues étrangères en Chine s'adressent aux étudiants chinois d'apprendre le français comme langue étrangère à l'université. Pendant les derniers deux ans, monsieur a mémorisé toutes les phrases et les expressions idiomatiques dans les livres, désormais il est capable de les réciter sans avoir difficulté. Dans les conversations, monsieur énonce des phrases bien structurées avec une bonne phonétique. Maintenant, son défi, selon le conseiller de l'université, se situe au niveau de la compréhension orale et du vocabulaire, et devrait être surmonté par plus de conversations interactives.

Cet exemple a beaucoup fait réfléchir l'enseignante. Du côté de la famille chinoise, l'explication sur les modalités d'apprentissage de la langue française, qui correspondent beaucoup « aux oreilles », aide la mère à comprendre le point de vue de l'enseignante, qui souligne l'importance des activités sociales dans l'apprentissage du français.

Ce travail parallèle impliquant à la fois la famille et l'enseignante aide à diminuer la tension existante entre eux quant aux opinions opposées reliées aux devoirs à faire à la maison pour l'enfant.

C. Résultat

Les interventions impliquant l'enfant, les parents, l'enseignante et la communauté ont enfin aidé à identifier les besoins prioritaires de l'enfant sur l'apprentissage du français. L'école a inscrit l'enfant à un organisme communautaire du quartier, « Toujours ensemble », un milieu où les jeunes peuvent obtenir de l'aide aux devoirs et se socialiser avec les autres en français. Pour la famille, les parents ont trouvé un tuteur privé pour aider l'enfant à mieux maitrîser les grammaires après les études à l'école.

Après environ deux mois d'intervention auprès des parents, l'enfant et l'enseignante, du côté de l'enseignante, celle-ci a confirmé un grand progrès concernant l'autonomie, l'estime de soi de l'enfant, ainsi que la communication école-famille. Elle a aussi ajusté sa façon de faire : elle prend mesure à vérifier avant de se faire un jugement et utilise plutôt les commentaires positifs pour stimuler le changement chez l'enfant.

Du côté de l'enfant, nous avons remarqué que, dans la classe, celui-ci dorénavant prend l'initiative d'aller chercher l'aide de l'enseignante ou d'autres élèves quand il en a besoin; il exprime ses sentiments devant les autres; il fait la présentation orale devant toute la classe; et il chante soigneusement des chansons en français d'une voie haute suivant le guide de sa maitresse dans la classe. Ces changemements de l'enfant se font également constater par les autres élèves qui, dans une évaluation faite en classe, le considèrent « discret, travaillant et intelligent ».

Problématiques liées à l'intimination – un phénomène à explorer à l'avenir

L'intimidation opérée sur les jeunes d'origine chinoise en milieu public est un phénomène rapporté de plus en plus dans la communauté par les parents chinois. Au niveau des institutions cependant, peu de documentation illutre ce phenomène à l'école et au centre de la petite-enfance. La difficulté de la maîtrise du français des parents chinois pour communiquer avec le personnel et le manque de ressources adéquates dans la communauté rendent les parents dépourvus à défendre le bien-être de leurs enfants, tout cela place ces derniers dans une place vulnérable.

Cas nº 4

Madame Li, qui habite avec sa famille dans un ancien quatier ouvrier à Montréal, est dans une situation de crise. Elle a beaucoupé pleuré au téléphone. Le visage de sa fille, Ying, âgée de quatre et demi, était à moitié paralysé. D'après sa famille, c'est la conséquence du fait que sa fille a été frappé au visage par un autre fille au centre de la pétite enfance. C'était la deuxième fois que sa fille subit une situation semblable dans ce centre. La première fois, sa fille a été frappée au nez qui saignait adandonnement pendant la nuit et le sang a trempé l'oreiller. Depuis cet incident, le nez de l'enfant devient très sensible. S'inquiétant toujours de leur capacité limitée de s'exprimer en français, même si les deux parents apprenent le français dans une classe de francisation, et du risque d'avoir des répressailles de la part du centre, la famille a gardé le silence sur cet événement. Cette fois, avant de s'adresser au SFCGM, madame Li a finalement pris le courage de communiquer avec l'éducatrice, madame Dion, et la directrice du centre concernant ce qui s'est passé. Ces dernières ont nié énergiquement que l'enfant ait été frappé en disant qu'il n'y a pas eu de rapport d'accident cette journée-là, et n'ont accepté aucune part de responsabilité dans la paralysie du visage de l'enfant. Madame Li a amené l'enfant voir le médecin à l'hôpital pour enfants, mais ce dernier n'a pas encore pu établir les causes de ce qui est arrivé chez l'enfant. D'autres examens et analyses suivront.

A. Accueil et intervention

L'intervention pour défendre les droits, l'*empowerment* du client et la résolution de problèmes sont des approches privilégiées dans ce conflit entre la famille et le centre de la petite enfance qui une institution faisant partie du système de santé et des services sociaux au Québec. Après avoir rassuré madame Li, nous l'avons aidée à formuler ses plaintes et ses demandes.

Les plaintes et les demandes de madame Li

I. L'enfant ne sent pas en sécurité avec madame Dion, nouvelle éducatrice qui remplace madame Satima pendant son congé de maladie, et l'enfant s'ennuie d'elle;
II. La famille demande une enquête sur les deux incidents où l'enfant a été brutalisé, et dont elle n'a jamais été informée;
III. La communication entre la famille et le CPE via l'agenda n'est pas efficace, dans lequel il contient peu information sur la vie de l'enfant au CPE.

Dès le début de notre intervention, lors d'une conversation téléphonique avec la directrice, nous avons senti une forte résistance. La directrice a nié tous les évenements rapportés par la famille par rapport aux deux incidents. Nous nous sommes présentée comme stagiaire en travail social et nous avons précisé notre rôle comme médiatrice entre la famille et le centre pour le bien-être de l'enfant. Au lieu d'être à la recherche du couple, nous voulions intervenir, afin d'assurer la sécurité de l'enfant au centre et de trouver la meilleure solution pour les deux parties. La directrice s'est quelque peu calmée et a commencé à nous parler. Elle considère que la famille a exagéré la sitution. Elle nie le lien entre le fait que l'enfant ait été frappée et qu'elle soit paralysée au visage. Selon elle, la paralysie de l'enfant pourrait résulter d'un virus, et elle a demandé à la famille d'amener l'enfant aller consulter le médecin. Elle ne considère pas que son employée commette une négligence sur la sécurité de l'enfant et elle rassure que madame Dion a dix ans d'expérience travaillant dans le milieu de garde. Elle nie qu'il existe un problème de sécurité au centre et ne voit pas l'importance que l'éducatrice fasse un rapport et informe la famille sur les incidents qui arrivent aux enfants à la garderie, comme les pleurs, si un enfant est battu, etc.

Même si la directrice niait toujours les problèmes concernant la sécurité de l'enfant à la garderie, elle a finalement accepté d'entreprendre certaines mesures pour aider à améliorer la situation. Elle a avoué une détérioration de l'ambiance et de l'organisation au centre pendant les deux dernièrement semaines après l'arrivée d'un nouveau garçon. Ce dernier a été déjà expulsé après l'accident de Yin. Madame Dion quittera temporairement son poste pour un congé de maladie, et les deux autres éducatrices, que Yin connaît bien, la remplaceront pour que l'enfant puisse être mieux accompagnée. Elle affirme d'aller vérifier l'incident ayant eu lieu il y a deux mois concernant le nez de l'enfant. A la fin, la directrice nous assure qu'elle rapporte ces deux incidents au président du C.A.

B. Résultat

Une semaine après l'intervention auprès de la directrice, madame Li rapporte que la famille se sent soulagée de voir que le visage de Yin est guéri, après avoir pris les médicaments prescrits par le médecin. A ce jour, personne du centre ne lui a donné des nouvelles si l'enfant a été vraiement frappée ou non. Cependant, madame Li a remarqué l'amélioration de la situation de sa fille au centre, qui est dorénavant souvent accompagnée de la directrice et reçoit un accueil chaleureux comme elle n'en avait jamais connu auparavant. Madame Satima, l'éducatrice avec qui sa fille s'entend bien est retournée dans le groupe. La famille est bien contente du résultat obternu. Elle n'envisage pas d'autres actions à entreprendre à cet effet tout en prenant conscience de l'importance de la communication avec l'éducateur, ce qu'elle poursuivra à l'avenir.

À la fin, madame Li a exprimé sa reconnaissance envers l'intervention du SFCGM. Elle avait peu d'espoir que l'on puisse l'aider quand elle nous a appelé en dernier lieu. Cependant, compararant à ce qu'une autre famille chinoise a vécu, le résultat que sa famille a obtenu est beaucoup plus encourageant. L'enfant de cette famille-là a été si gravement blessé à la garderie qu'il a dû subir une opération.

Malgré les efforts de parents faits auprès de la directrice, la garderie ne reconnaissait aucun tort de leur part, et en plus elle a demandé aux parents de transférer l'enfant ailleurs s'ils n'étaient pas satisfaits. La famille n'avait aucun autre choix que de chercher et transférer leur enfant dans une autre garderie.

Cette expérience a fait comprendre madame Li l'importance de s'informer de leurs droits, de chercher de l'aide dans la communauté et surtout de passer à l'action au lieu de garder le silence. Elle soutient que les familles chinoises comme elle devront sortir de l'ombre et aller au-devant, c'est-à-dire, parler, porter des plaintes et chercher de l'aide, et que le SFCGM joue un rôle important de les appuyer, accompagner pour défendre leurs droits. Elle apprécie l'aide reçue et est prête à écrire son expérience dans le journal chinois pour aider les autres.

Un autre milieu où les parents chinois ont souvent rapporté que leurs jeunes étaient victimes de l'intimidation est l'école, surtout l'école secondaire.

Cas n° 5

Kiang est un garçon de 17 ans, timide, d'environ 1,67 mètre, un peu mince, portant des lunettes, immigré avec sa famille de Hong Kong il y a cinq ans. Il habite avec sa mère, madame Ling, qui travaille comme ouvrière dans une usine de vêtements, et avec sa sœur de 20 ans dans un appartement situé dans l'ouest de l'île de Montréal, une enclave beaucoup prisée de la communauté anglophone et immigrante. Il est en quatrième année dans une école de quartier et tient toujours un bon résultat scolaire. Deux jours avant l'accident, l'école a annoné, dans une réunion d'étudiants, que Kiang allait représenter l'école au concours de mathématiques et lui a remis un chèque de 25 $ comme récompense.

Selon ce que raconte la famille Kiang et d'après les dépositions des témoins, après le cours d'éducation physique, Kiang est allé boire de l'eau à la fontaine. Un élève de la même année, M, d'origine arabe, l'a intercepté et l'a poussé puisqu'il voulait boire en premier. Kiang lui a répliqué « Quel est ton problème ? » M n'a pas répondu. Il a tiré le collier de Kiang et a poussé la tête ce celui-ci sur le mur. Kiang a été déjà tombé inconscient alors que M continuait lui à donner des coups au visage qui était couvert du sang.

Un membre du personnel de l'école a appelé le 911. Kiang a été envoyé dans un hôpital près du centre-ville sans accompagnement. La blessure entre la bouche et les joues a nécessité cinq points de suture. Pendant dix jours, Kiang avait de la difficulté à s'alimenter et sa mère a dû cesser de travail pour prendre soin de lui et l'emmener aux rendez-vous médicaux au centre-ville. En attendant, M, qui devrait être transféré ailleurs, est retourné à l'école après cinq jours de suspension puisque, d'après la directrice de l'école, la famille de M ne lui a pas trouvé une autre école. Lors d'un accrochage à l'arrêt d'autobus, M, entouré de ses pairs, n'a manifesté aucun regret, au contraire, il a fait peur à Kiang. Le même scénario s'est répété dans un cours d'éducation physique peu après. Kiang a rapporté ces incidents à la directrice et M a reçu une deuxième suspension.

Le père de Kiang, qui est retourné à Hong Kong pour travailler, a été mis au courant de ce qui s'est passé. Il a réconforté son fils au téléphone et a conseillé à sa femme de demander de l'aide. Par l'entremise d'un propriétaire d'un restaurant du quartier chinois, celle-ci est venue nous rencnontrer au SFCGM.

A. Accueil et intervention

Madame Ling est arrivée en compagnie d'une amie qui parle bien le mandarin. Elle est dans la quarantaine. Originaire du sud de la Chine, elle a vécu à Hong Kong et ne parle que le cantonais, un dialete en Chine. Madame Ling devient très soulagée après avoir été informée que nos services, comme les consultations et l'accompagnement à l'école, sont gratuits. Elle est très coopérative, et un lien de confiance s'est vite établi entre nous. Nous avons convenu un plan d'intervention qui vise à : aider la famille à formuler ses demandes ; voir Kiang pendant la pause des cours ce samedi-là à l'école chinoise; renconter la directrice de l'école ; contacter le détective chargé du dossier à la police; chercher les ressources pour la famille, qui incluent les ressources financières de l'IVAC pour le remboursement du 911 et les ressources d'un psychologue à l'école.

Les demandes de la famille de Kiang comportent plusieurs aspects. La sécurité de Kiang à l'avenir constitue la première préoccupation de sa famille, car les deux familles habitent dans le même quartier. Pour ce qui est de l'école, la famille de Kiang considère cette dernière comme négligente pour plusieurs raisons. Premièrement, à cause d'une fausse information donnée par l'école concernant le nom de l'hôpital, la famille a mis deux heures à trouver Kiang. Deuxièmement, Kiang a été envoyé à l'hôpital seul, sans aucun accompagnement du personnel de l'école. Troisièmement, après cet accident, l'école n'a jamais contacté les parents de Kiang pour discuter de l'événement. Concernant les mesures pour consoler la famille de la victime et assurer la sécurité de victime, la famille de Kiang demande à l'agresseur M ou à sa famille d'écrire une lettre d'excuses.

B. Résultat

Après plusieurs interventions téléphoniques, une rencontre avec la directrice de l'école, deux discussions téléphoniques avec le détective, par le biais de Commission scolaire de l'Île Ouest, M a finalement été transféré dans une autre école. Cette décision n'était toujours pas acceptée par la famille de M, dont le père était fâché et considérait que Kiang avait eu tort et que ce dernier aurait dû être transféré au lieu de son fils. Concernant la lettre d'excuses, la famille de Kiang est déçue d'être informée que ni la directrice de l'école, ni le détective ne prennent la responsabilité de demander à M ou à sa famille de l'écrire, car la culture de la société d'accueil n'exige pas que l'agresseur fasse une telle démarche auprès de la victime. Elle trouve que l'institution manque de mesures pour prevenir et pénaliser le phénomène de violence à l'école.

Dans ce dossier, la famille de Kiang éprouvait beaucoup de difficultés avec la police. Devant le détective, qui était déjà difficile à rejoindre au téléphone, la famille, y compris la victime, se trouvait de ne pas avoir la place à s'exprimer. Malgré la demande, la famille n'a toujours pas reçu les informations importantes comme quelles mesures qui pouvaient être prises pour assurer la sécurité de Kiang. Elle a été simplement avisée que la famille de l'agresseur suivait un programme préventif et qu'elle était coopérative. En plus, la famille de Kiang et l'école ont été demandé d'être compréhensives et de ne pas trop pousser l'agresseur. En bref, l'intervention du détective a été perçue comme une perte de neutralité selon la famille et la directrice de l'école, en plus cette dernière avait observé une réaction encore contestataire de la part du père de l'agresseur, suite au transfert de son fils dans une autre école. Etant donné du manque d'information sur quelles mesures appliquées par police pour adresser la violence à l'école, la famille Kiang se sent toujours dans l'insécurité.

C. Discussion

a) Le réseau informel a joué un rôle important d'offrir le souport à la famille.

La famille de Kiang habite à Montréal depuis quatre ans et elle a réussi à établir un réseau informel composé de parents (la famille de l'oncle de Kiang habite ici), d'ami(e)s et de compatriotes. Ce réseau accorde un soutien psychologique et un accompagnement pour chercher de l'aide et pour traduire. Mais il atteint ses limites et requiert le support plus spécifique offert par les professionnels surtout quand il a besoin de transiger avec l'autorité institutionnelle.

Cependant, l'aide psychosociale offerte par les institutions n'est pas toujours accessible aux usagers en raison du long délai d'attente. Jusqu'à notre dernière intervention auprès de la famille de Kiang, environ sept semaines après cet événement, Kiang n'avait pas encore eu de consultation avec le psychologue de l'école, qui est fourni par le CLSC. En somme, la complexité du processus à faire une demande et la barrière linguistique constituent des obstacles majeurs qui empêchent la famille de la victime de bénéficier les services aux victimes surtout quand celle-ci n'est pas accompagnée d'un intervenant pertinent.

b) Il existe un grand écart culturel entre la famille de Kiang et l'école concernant la façon de travailler pour régler les difficultés vécues par les jeunes.

Selon la famille de Kiang, l'école doit inclure les parents dans la discussion et l'établissement d'un plan d'intervention pour régler la situation de leur fils. Cette demande n'a pas été prise par la directrice de l'école, qui ne voit pas l'importance, ni la nécessité d'écouter et de travailler avec les parents car, d'après elle, Kiang a déjà atteint l'âge de 16 ans et qu'il devrait être capable de prendre toutes les initiatives par lui-même. Selon elle, les rencontres régulières avec Kiang dans le corridor de l'école sont suffisantes pour discuter du progrès de l'intervention. Mais Kiang donnait souvent très peu son opinion dans ce genre de conversation, puisqu'il pensait que c'était à sa mère que la directrice devait s'adresser. Madame Ling était très étonnée quand nous lui avons relevé ces différences. Elle considère naturellement qu'elle est la porte-parole de la famille, et que c'est aux parents que l'école doit s'adresser, peu importe l'âge de son fils.

c) D'autres incidents de harcèlement à caractère raciste à l'école ont contribué au sentiment d'insécurité de Kiang.

Kiang a rapporté que dans un projet sur les différents pays du monde, le kiosque de la présentation sur la Chine, réalisé par son équipe, a été plusieurs fois renversé par exprès dans la classe.

En effet, depuis l'automne 2003, le début de l'épidémie de SRAS, pendant six mois, le SFCGM avait déjà reçu des plaintes pour quatre cas où des enfants chinois avaient été gravement battus à l'école. Le SFCGM soupçonne que ce ne sont pas là des cas isolés, mais qu'il s'agit plutôt d'un problème collectif, des actes racistes envers les Chinois, qui devrait donner lieu à une intervention communautaire.

3.2.2. L'intervention en groupe – phase de la promotion

Plusieurs chercheurs soulignent la vulnérabilité du bien-être de l'enfant immigrant de la période périnatale à la petite enfance. Le groupe de mères est un moyen important de briser l'isolement que vivent les familles chinoises et ce, a un effet positif pour prévenir les problèmes chez les jeunes. Pendant une partie de notre stage au SFCGM, du 5 mars 2004 au 5 juin 2004, nous nous sommes assignée, avec une autre stagiaire, la tâche d'initier et de développer un groupe de mères, dans le but : 1) d'aider les nouvelles familles immigrantes, par le biais de la mère, à sortir de l'isolement ; 2) d'identifier leurs besoins ; 3) d'explorer un moyen efficace, afin de faciliter leur intégration à la société québécoise.

Le recrutement

Ce groupe de mères est un projet pilote dans la communauté chinoise. Plusieurs travaux portant sur la promotion sont lancés pour le recrutement. Parmi eux, plusieurs moyens s'avèrent très utiles : 1) les contacts avec les divers médias chinois pour atteindre plus de monde ; 2) le contact avec les informateurs clés de divers groupes informels où l'on retrouve des femmes chinoises ; par exemple, un club de mères nous a aidé à recruter les participantes ; 3) la création d'un forum du « Groupe d'aide mutuelle de mères chinoises » dans un site Web chinois créé par les Chinois à Montréal.

Pour réaliser ce groupe, nous avons consulté plusieurs modèles de groupe de mères au CLSC NDG et dans d'autres organismes communautaires, comme ceux à la Maison des Haïtiens et dans la communauté Jamaïcaine. Nous avons aussi fait une analyse des conditions nécessaires pour développer le groupe au Service d'aide à la famille chinoise du Grand Montréal dans le quartier chinois.

Premièrement, le lieu de rencontre du groupe ne se situe pas dans le voisinage de la clientèle. En raison d'un manque de salle pour le groupe, le SFCGM demande la coopération du Centre communautaire de l'église catholique chinoise, qui est situé à côté, pour prêter sa salle, au premier étage face au métro, afin d'organiser les activités du groupe. Pour le recrutement, les nouvelles familles chinoises habitent sur tout le territoire de Montréal ; elles sont concentrées surtout dans les quartiers NDG, Verdun, au centre-ville à côté du métro Guy, Côte-des-Neiges et à Brossard sur la Rive-Sud. Plusieurs participantes ont de petits bébés qui ne sont pas encore à la garderie. Les mères doivent prendre le transport en commun pour venir participer aux activités. Cet inconvénient du transport diminuera considérablment la participation aux activités régulières du centre communautaire.

Deuxièmement, selon la disponibilité du Centre communautaire de l'église catholique chinoise, le groupe se rencontre chaque vendredi après-midi de 14 h à 17 h, ce qui n'est pas idéal pour les participantes. Selon les mères, c'est l'heure de la sieste pour la plupart des bébés. En ce qui concerne les nouveaux arrivants, ils sont occupés à divers rendez-vous dans les différents bureaux gouvernementaux. Les autres participent aux cours de francisation. Le fait que les familles sortent quotidiennement pour ces activités veut-il dire qu'elles ne sont pas isolées ? Elles expriment cependant un besoin d'avoir une place pour se rencontrer et pour socialiser dans leur propre langue.

Troisièmement, le niveau d'éducation des nouvelles familles immigrantes chinoises est généralement assez élevé. Ces familles font partie de l'immigration indépendante, formée de professionnels et de techniciens. Ces Chinois parlent au moins une autre langue que le chinois. Ils ont une capacité de s'informer, surtout au moyen d'Internet. Jusqu'à aujourd'hui, au moins deux sites Web en chinois ont été créés par les Chinois de Montréal, afin de favoriser l'échange d'information et pour chercher de l'aide, surtout dans le domaine de la santé mentale.

Les nouveaux journaux chinois créés par les nouveaux immigrants chinois portent sur des thèmes nouveaux qui s'adressent à leur vie quotidienne, comme les stratégies d'adaptation à leur nouvelle société, les divers renseignements sur les politiques et les institutions gouvernementales concernant la vie immigrante. Ces médias créent une base pour aider les nouveaux immigrants à s'intégrer à leur société d'accueil. En même temps, ils réclament une qualité de service dans le domaine des services sociaux offerts par les organismes communautaires existants, comme le SFCGM, qui est considéré comme « déjà dépassé, inaproprié », le représentant d'une autre génération et d'une culture marginale, la culture cantonnaise.

Quatrièmement, selon Statistique Canada, la moyenne d'âge des nouvelles familles immigrantes chinoises provenant principalement de la Chine continentale depuis les années 90 se situe entre 25 ans et 44 ans, l'âge du sommet de la productivité. Ceci explique la grande demande en cours prénataux pour les femmes enceintes et le besoin d'un groupe sur les habiletés parentales.

Pour toutes ces raisons, les modèles de groupe de mères conçus au CLSC et dans les organismes communautaires que nous avons consultés ne sont pas pertinents à cette population pour briser l'isolement et pour promouvoir le bien-être de l'enfant, afin de les aider à s'intégrer à la société québécoise. On a donc fait plusieurs modifications pour répondre aux besoins des mères chinoises.

La réalisation du groupe

D'abord, étant donné le peu d'information concernant les difficultés et les besoins des familles immigrantes chinoises, plusieurs recherches sur le terrain sont effectuées pour recueillir de l'information : dans la presse chinoise, sur les sites Web chinois, dans les communications avec les informateurs clés, etc. Nous avons aussi élaboré un questionnaire pour identifier les difficultés et les besoins du groupe, qui a été distribué au début du programme (voir annexes 2 et 3). Avec ces données, une grille des difficultés rencontrées par les mères chinoises est constituée selon leurs priorités : 1) manque d'information sur le développement de l'enfant ; 2) manque d'information sur l'employabilité ; 3) manque d'information sur les services de la santé et des services sociaux ; barrière linguistique ; 4) problèmes familiaux, y compris la relation homme-femme, parent-enfant, la violence conjugale, etc. ; 5) situation financière difficile.

En même temps, une grille de besoins sur le développement des services selon la priorité est identifiée : 1) l'employabilité ; 2) la communication entre l'école et la famille concernant le développement de l'enfant ; 3) les renseignements sur la garderie ; par exemple, comment chercher et trouver une garderie satisfaisante ; 4) les divers programmes pour aider la situation financière de la famille ; 5) les services de la santé et des services sociaux ; 6) les habiletés parentales ; par exemple, comment éduquer son enfant dans la société d'accueil ; 7) la culture et la récréation ; 8) les droits concernant la jeunesse ; 9) les cours prénataux pour les femmes en chinois ; 10) le logement.

Le groupe travaille surtout d'après cette grille de priorisation des besoins des mères. À la fin de notre stage, environ 65 femmes et leur famille (soit avec l'enfant, soit avec le mari) ont participé aux activités de ce projet pilote. Chaque cycle d'activités dans le groupe comprend six rencontres et une activité spécifique sur la socialisation pour tous les membres de la famille. Les six rencontres sont divisées en une rencontre d'information, qui a pour but de remplir le questionnaire et de se connaître, quatre ateliers qui visent des thèmes différents sur l'employabilité (les programmes du YWCA, de Renaissance, du Centre des femmes de Montréal), sur la garderie, sur la promotion des CLSC (le rôle du CLSC, les divers programmes de la santé et des services sociaux pour aider la famille), sur l'habileté parentale (le renouvellement des connaissances sur l'habileté parentale, les pièges de la discipline traditionnelle dans la société d'accueil), et sur la promotion de la Loi de la protection de la jeunesse (les nouveaux concepts sur les droits des enfants), et trois activités de socialisation (une sortie pour la Fête des mères, une cuisine collective pendant les congés fériés, un bazar pour ramasser des fonds pour le groupe).

À la fin du projet de groupe des mères, un nouveau groupe, le groupe des femmes chinoises enceintes, est formé. Nous avons travaillé comme bénévole pour organiser ce groupe, après la fin de notre stage. Une série de quatre sessions de cours prénataux sont donnés par une infirmière d'origine chinoise aux femmes enceintes et à leur famille (mari ou parenté) en chinois (cantonais et mandarin) à l'Hôpital chinois de Montréal. Ensuite, une proposition de continuer ce projet dans la communauté chinoise est soutenue par le SFCGM et par la fondation de l'Hôpital chinois, et ce projet a été réalisé du mois d'octobre 2004 au mois de septembre 2005, et a été financé par la fondation de l'Hôpital chinois. Six séries de vingt-quatre cours au total sont donnés, et environ 180 familles chinoises participent à ce projet pilote.

La terminaison du groupe

À cause de l'objection du C.A. du SFCGM à investir dans ce nouveau service, le groupe des mères chinoises est obligé de cesser toute activité à la fin de notre stage. Pendant la durée du groupe, la directrice du SFCGM est invitée plusieurs fois aux rencontres du groupe, pour connaître les besoins des mères. Dans les dernières rencontres avant la fin, la directrice et les participants ont été invités à discuter du suivi du groupe. La discussion a été centrée davantage sur la façon de trouver un bénévole parmi les mères pour organiser le groupe.

Même si le SFCGM peut offrir l'espace pour les rencontres, personne dans le groupe n'est disponible pour organiser le groupe bénévolement. Devant cette situation, certaines stratégies sont adoptées. Les participantes sont encouragées à participer à l'assemblé générale du SFCGM et à exprimer leurs besoins devant le C.A. du SFCGM. Comme nous l'avons mentionné plus loin, le C.A. du SFCGM est composé de membres de la deuxième génération ou de ceux qui ont immigré au Canada dans les années 80. Ils sont originaires de Canton, en Chine ; la plupart sont des hommes d'affaires qui possèdent leur entreprise dans le quartier chinois. Le fossé linguistique et culturel entre le C.A. et les usagers des services du SFCGM est donc assez grand.

L'évaluation de l'intervention du groupe de mères au SFCGM

Par divers moyens comme l'observation directe, l'évaluation du groupe et la rétroaction plus élargie dans la communauté chinoise, certaines expériences et réflexions sont réalisées pour guider l'intervention en groupe dans la communauté chinoise.

1. Conditions de réussite

a) L'organisation est bien structurée. Le questionnaire et l'évaluation systémique du groupe aident à améliorer la qualité des services.
b) Les besoins des participants sont bien respectés. Dans la session sur la garderie ou sur les habiletés parentales, les participants prennent la parole sur leurs expériences. Les activités sociales sont organisées selon leurs besoins pour briser l'isolement et pour les intégrer à la société d'accueil.
c) Un réseau de distribution de nouvelles est créé. Les médias chinois sont motivés, un forum du groupe est créé dans Internet. L'organisateur écrit des articles qui sont très utiles pour promouvoir l'influence du groupe et pour conserver un lien entre les participants.

2. Difficultés rencontrées

a) Il existe une complexité et une diversité d'intérêts et de besoins chez les participants du groupe.

Trois catégories de participants sont répertoriées parmi les 65 femmes participant au groupe : i) les nouveaux arrivants de moins d'un an au Canada. Ceux-ci s'intéressent davantage aux thèmes sur le logement, aux cours de francisation, à la garderie et à l'employabilité ; ii) les femmes enceintes. Elles s'intéressent davantage aux services de la santé et aux services sociaux pour les femmes enceintes et les bébés, comme la connaissance de l'évolution de la grossesse et le bébé, l'information sur les institutions comme l'hôpital et le CLSC, l'information sur la grossesse et sur l'accouchement, etc ; iii) les mères qui habitent à Montréal depuis plus d'un an. D'habitude, la vie de ces familles est plus stable que celle des nouveaux arrivants. Mais elles se sentent encore isolées par la barrière linguistique ou par la disparité culturelle. Elles veulent davantage créer un réseau d'aide social pour se débrouiller, pour prendre soin des enfants à l'occasion, pour échanger de l'information sur l'emploi, sur la garderie, etc.

En plus, le groupe leur offre une occasion de répondre à leurs besoins d'autoactualisation. Comme on l'a déjà mentionné plus haut, ces femmes travaillaient comme professionnelles en Chine. Le changement de vie immigrante cause beaucoup de pertes dans la vie, surtout au niveau de la profession. Elles sont à la recherche d'un emploi ou elles planifient un retour à l'école, ou elles sont à la maison pour s'occuper des enfants. Dans les rencontres de groupe, leurs expériences personnelles et sociales sur l'intégration à la société d'accueil sont beaucoup appréciées par les nouvelles arrivantes. Cela contribue beaucoup à équilibrer la santé mentale de ces femmes.

b) Il manque de matériel et d'éducatrice pour organiser les activités pour les enfants d'âges différents, souvent de 0 à 6 ans, pendant la participation des mères aux ateliers dans le groupe.

Selon les ressources disponibles et l'intention première du SFCGM, durant chaque rencontre, deux bénévoles provenant du département des bénévoles du SFCGM, qui sont souvent des jeunes filles du CEGEP d'origine chinoise, offriront des services pour s'occuper des enfants, pour que les mères puissent avoir le temps de se reposer. Mais à cause du manque de matériel nécessaire, comme des matelas, des jeux éducatifs et surtout un personnel approprié qui possède des expériences et des connaissances pertinentes comme éducatrices, les activités destinées aux enfants ne peuvent être bien réalisées pour répondre aux besoins des enfants dans le groupe.

c) Diverses difficultés imprévues liées aux enfants ont émergé pendant le déroulement du groupe, ce qui nous a empêchée de préparer et de fournir l'information pertinente pour aider les parents.

Pendant les rencontres, par les échanges et les observations directes sur les comportements des enfants, on remarque que les difficultés liées aux enfants sont assez élevées, comme l'intimidation ou la violence vécues par les enfants chinois à la garderie et à l'école, le sentiment d'impuissance chez les parents par rapport aux conflits avec le personnel de la garderie et de l'école, et une confusion sur l'éducation de l'enfant dans un contexte différent de celui où les parents ont grandi. Les demandes explicites ou implicites sur le renouvellement des habiletés parentales, sur la façon d'établir une communication efficace avec l'école et la garderie, sont fréquentes. Cependant, à cause du manque de temps pour la préparation, ces sujets, comme celui sur la communication entre l'école et les parents, qui vient au deuxième rang parmi les besoins mentionnés par les mères, n'est par réalisé dans le groupe durant notre stage.

Chapitre 4

Conclusion

Pendant notre stage, les approches écologique et interculturelle ont fortement influencé notre pratique. L'approche écologique sert du cadre théorique qui construit nos analyses sur les difficultés que vivent les jeunes chinois, et l'approche interculturelle comme un outil de travail pour reconcilier le fossé entre les familles immigrantes et la société d'accueil.

La première partie de notre stage réalisée au Centre jeunesse vise à travailler avec les jeunes en difficulté. Nous avons rapidement réalisé que, d'une part, les types de difficultés que vivent les jeunes au Centre jeunesse sont très différentes à ce que nous avions observé chez les jeunes dans la communauté chinoise; d'autre part, l'intervention clinique (*case work*) pratiquée au Centre jeunesse, qui se situe au niveau du traitement des problèmes sociaux, est très différente à l'esprit préventif qui imprègne la culture chinoise et qui est encore reine dans la société chinoise. Outre ces différences, les Centres jeunesse offrent des services aux jeunes en difficulté et à leurs familles en se référant à la langue parlée par le jeune, ce qui pose un autre problème dans la pratique. Après l'application de la loi 101 sur la langue française, les enfants issus des familles chinoises fréquentent l'école publique française et adoptent le français comme deuxième langue ; c'est donc le Centre jeunesse francophone, qui derserve les jeunes fréquentant les écoles publiques, y compris ceux provenant de la communauté chinoise. La division de la responsabilité selon la ligne linguistique à l'intérieur des Centres jeunesse augmente la difficulté des parents chinois, qui généralement se débrouillent en anglais, d'avoir accès aux services et de collaborer avec les intervenants francophones. L'entrevue réalisée avec l'intervenante au Centre jeunesse nous a encouragée de nous rendre dans la communauté pour explorer la situation que vivent les jeunes chinois en difficulté en envisageant les interventions préventives et promotrices.

Les interventions auprès des individus, de la famille et du groupe au Service d'aide à la famille du Grand Montréal nous ont permis d'avoir obtenu un aperçu sur les difficultés des jeunes chinois tout au long de leur processus d'intégration dans la société d'accueil et les besoins de ces familles dans leur recherche d'aide pour les jeunes. Le développement d'un groupe de mères et de femmes enceintes est une action concrète pour consolider le bien-être de la nouvelle famille immigrante chinoise. Par les effets directs de promouvoir le bien-être des enfants et des familles chinois, nous espérons qu'à plus long terme, nous pouvons prévenir les problèmes sociaux chez les jeunes. Par exemple, dans le groupe, les familles chinoises sont bien mobilisées à participer aux discussions sur les habiletés parentales, surtout sur les différentes modalités d'éducation. Désormais, créer des groupes de jeunes ou aider les jeunes à s'intégrer directement dans des groupes de socialisation existant dans la société d'accueil doit être prioritaire pour les interventions auprès des jeunes chinois, afin de les aider à briser leur isolement, à ouvrir leurs horizons et à rétablir leur réseau social.

L'une des raisons qui sous-tend notre choix de l'approche écologique comme cadre d'analyse est sa coïncidence avec la vision des familles chinoises sur le bien-être de l'enfant et le rôle de l'environnement joué dans la vie de l'enfant. L'approche écologique place le bien-être de l'enfant au centre du travail en gardant une vision globale dans la définition des problèmes psychosociaux que vit l'enfant. Elle précise l'importance d'assumer une continuité des services entre différents niveaux d'action pour assurer le bien-être de l'enfant en priorisant les interventions sur la promotion et la prévention. Elle met en évidence de l'influence de l'ensemble des environnements soit proximaux ou distaux sur le développement de l'enfant et sur l'apparition des problèmes psychosociaux chez ce dernier. Cette vision trouve un écho dans l'héritage du taoïsme et du confucianisme, qui soulignent l'adaptation et l'harmonie entre l'individu et son environnement en évitant la confrontation pour réaliser les changements, et qui préconisent les pratiques préventives, surtout en ce qui a trait à l'éducation de l'enfant. Ces deux visions partagées nous aident à approcher plus facilement les familles chinoises et à développer nos interventions.

Tout au long de nos interventions auprès des enfants et de leur famille issus de la communauté immigrante, l'approche interculturelle nous sert d'un outil de sensibilisation sur les différents cadres de référence entre les familles immigrantes et le personnel du réseau d'aide. Elle souligne le besoin de développer une sensibilité sur l'influence culturelle chez l'individu. Elle prend la médiation, réalisée par une tierce personne, comme le moyen pour résoudre les conflits issus de la rencontre de différents cadres de référence entre deux parties. Lors de nos interventions, cette approche nous aide à résoudre les conflits entre les familles chinoises et le personnel du réseau d'aide institutionnel, qui véhicule souvent des valeurs très différentes. Comme tierce partie dans la médiation, cette approche exige de l'intervenant d'avoir une riche connaissance du profil de la société d'accueil et de celle de la famille immigrante chinoise, des différents systèmes sociaux, culturels et de leur influence sur l'enfant et sa famille. Comme intervenante de la première génération d'immigrants, avoir une compréhension à la fois horizontale et verticale de la société d'accueil et être familière avec le processus de socialisation de l'individu local pourraient constituer des défis pour accomplir le rôle de médiatrice dans ce type des interventions. Le stage nous a offert une opportunité d'entrer en contact direct avec les différentes instances de la société d'accueil.

Durant le stage, nous avons pu observer que, faute de connaissance sur cette population assez nouvelle, les intervenants du réseau de la santé et des services sociaux ont généralement du mal à identifier les difficultés que vivent les jeunes chinois et les besoins des familles pour leur venir en aider. En plus, la barrière linguistique aggrave le déroulement de l'intervention auprès de cette population. Nos stages réalisés au Centre jeunesse Batshaw et au Service d'aide à la famille chinoise du Grand Montréal nous ont aidé à révéler une partie de cette situation.

Quant aux difficultés que vivent les jeunes chinois, nous avons trouvé que les difficultés liées à l'éducation, telles que celles liées à l'apprentissage de la langue française et celles liées au manque d'autonomie, sont les plus fréquentes. Pour les difficultés liées à l'apprentissage de la langue française, les différentes modalités au niveau cognitif et pédagogique dans l'apprentissage du français et du chinois sont mises en cause et peuvent nous guider pour dépister les difficultés liées à l'apprentissage de la langue française chez les jeunes chinois. Les difficultés liées à l'apprentissage de la langue française entraînent des conséquences psychologiques chez les enfants chinois telle une baisse d'estime de soi, l'isolement et une tendance à être marginalisés dans la société d'accueil. Ces enfants, à l'âge préadolescent, ont souvent de la difficulté à socialiser avec les enfants d'autres origines et éprouvent des difficultés d'adaptation dans la vie à l'école.

Quant au manque d'autonomie des jeunes chinois, plusieurs facteurs contribuent à faire la lumière sur ce phénomène. D'abord, il s'agit de l'influence du confucianisme qui, encore profonde dans la mentalité des parents chinois, priorise l'éducation intellectuelle comme la voie véritable vers l'ascension sociale, et qui met au-dessus les résultats scolaires de toutes les pratiques personnelles. « Tout est inférieur aux études, car, être savant, c'est d'être au sommet de la société » (W*an ban jie xia ping, wei you du shu gao*) a été pendant longtemps un guide enregistré dans l'« éducation familiale » que les parents répètent aux enfants chinois. Sous cette influence, les enfants ne sont généralement pas encouragés à prendre l'initiative pour acquérir les compétences nécessaires pour être autonomes dans la vie quotidienne, et d'obtenir de bonnes performances scolaires pour se démarquer de ses concurrents constitue la priorité dans la croissance de l'enfant. En plus, l'expérience que les parents chinois ont vécue d'une compétition forte élevée à l'entrée à l'université en Chine contribue à conserver cette mentalité au Canada. La polarisation de la vie scolaire a un lourd impact sur l'organisation de la vie quotidienne de l'enfant : son horaire est rempli des activités aidant au progrès scolaire, et il est privé de temps et d'énergie pour explorer le monde et pour participer aux activités sportives.

Ensuite, la politique de la planification de l'enfant unique rend l'enfant « gâté » à la maison, qui est surnommé « l'enfant roi » par la société. L'enfant est souvent entouré par quatre adultes, les parents et les grands-parents, qui vivent dans le même foyer. Les tâches personnelles quotidiennes de l'enfant telles que s'habiller, manger et pendre sa douche sont souvent réalisées par les grands-parents. L'enfant n'a guère à s'occuper, sauf étudier.

Une autre difficulté significative liée à la vie des jeunes chinois et qui est rarement documentée, est l'intimidation et le taxage vécus par les jeunes chinois dans les milieux différents, y compris l'école et les lieux publics où l'on peut trouver les jeunes. L'inquiétude concernant ce type de comportement ciblant les enfants chinois est généralement partagée par la communauté chinoise, surtout dans certains quartiers défavorisés de Montréal. La barrière linguistique chez les parents et les différentes perspectives entre la famille chinoise et la société d'accueil pour régler les conflits interpersonnels sont mis en évidencce. Cependant, au point de vue de la communauté chinoise, ce phénomène est surtout associé à la « discrimination » comme les actes racistes contre la communauté chinoise. À cause d'un phénomène qui reçoit peu d'attention chez les différentes instances de la société d'accueil, comme celle du réseau policier, ce phénomène exige des recherches plus approfondies

En effet, la barrière linguistique, l'instabilité financière et la disparité culturelle sont des obstables principaux qui empêchent les familles chinoises, d'une part, d'avoir accès aux réseaux d'aide, et d'autre part, d'utiliser les ressources puisqu'elles ne sont pas adaptées, pour régler les difficultés rencontrées par leurs enfants durant le processus d'adaptation. Ces familles sont mal informées sur les différents programmes et les ressources existant dans la société d'accueil. Toutes les familles chinoises que nous avons rencontrées, soit dans l'intervention individuelle, soit en groupe, peu importe leur durée de séjour à Montréal, ne connaissent pas le rôle joué par les institutions comme le CLSC, la DPJ ou les organismes communautaires, dans la distribution des services sociaux offerts aux jeunes en difficulté et à leur familles, ni savent distinguer le rôle de différents professionnels dans les milieux de vie de l'enfant, par exemple, l'éducateur, l'enseignant, le travailleur social, ni connaissent le processus de porter plainte en cas de litige ou de la violation des droits de leur enfant. L'instabilité financière des nouvelles familles immigrantes restreint leur accès à certains services privés visant les habiletés parentales, par example, les consultations psychologiques privées et le groupe des parents qui exige le frais de participation. Finalement, le problème des ressources non adaptées constitue un autre défi pour ces familles pouvoir bénéficier des services pour leur jeune. Une réceptionniste d'un organisme ayant un groupe sur la socialisation des jeunes du quartier a refusé la demande d'une famille qui cherche des ressources pour son fils dans une classe d'accueil pour pratiquer le français après l'école, car elle craint que ce garçon chinois ne parle pas bien le français.

Face à ces obstables d'avoir accès aux services d'aide en dehors de la communauté chinoise, le SFCGM, mandaté pour offrir des services de premières lignes aux nouveaux arrivants chinois, devient le seul pont qui tisse le lien entre les familles chinoises en difficuté et la société d'accueil. Cepenant, il est lui-même aux prises avec de difficultés importantes telles que le sous-financement et le manque d'intervenant formé dans le domaine d'intervention sociale pour répondre aux appels de la communauté chinoise. La fait du manque de réceptionnistes formés et stables, souvent causé par l'instabilité du financement, et du manque d'intervenants ayant la formation appropriée pour les interventions en situations de crise met au défi les familles chinoises d'avoir de l'aide au SFCGM. Ainsi, Christensen (2003 : 81-82) a déjà mentionné le rôle limité des organismes communautaires ethnoculturels :

> La plupart des programmes offerts par les organisations non gouvernementales n'engagent pas les services donnés par les travailleurs sociaux professionnels. Généralement sous-subventionnés et limités par les services offerts, les organismes ethnoculturels communautaires continuent à rester

à l'extérieur des services sociaux dans la société de *mainstream*.

La recension de la documentation que nous avons présentée ainsi que les études de cas que nous avons illutré dans ce rapport démontrent l'importance de voir la famille comme unité d'étude dans la compréhension des difficultés des enfants issus de la famille immigrante chinoise. Sous cette optique, nous avons exploré davantage les besoins exprimés par les familles chinoises pour aider à intégrer leurs enfants à la société d'accueil. Parmi eux, les demandes articulées par les familles sont : avoir des groupes de socialisation pour les enfants à l'école ou dans le quartier, améliorer la communication avec l'école; renouveler la connaissance des habiletés parentales quant à l'éducation de l'enfant dans la société d'accueil; avoir des services autres que l'interprète en cas de conflit avec les institutions; développer les moyens appropriés concernant l'éducation au multiculturalisme à l'école; et engager toute la famille, au lieu de l'enfant seul, en priorité dans le processus d'intervention.

Ceci nous fait réfléchir à la question du service d'interprète. Dans certains cas où il y a un conflit entre la famille et les instituions, les familles chinoises se plaignent que le travail de l'interprète est considéré comme un travail mécanique de traduction du contenu de la parole des deux côtés, sans donner de soutien ou sans aider la famille à analyser la situation, à trouver les sources des conflits pour résoudre les difficultés que rencontrent les familles. Dans les situations où l'enfant ou le jeune est demandé d'assumer le rôle de l'intéprète pour faciliter la communication entre l'instituion et la famille, cette pratique peut perturber le système familial et mettre l'autorité parentale en péril surtout durant la période parent – adolescent.

Avec les difficultés rencontrées par les jeunes et par leurs familles qui veulent les aider et avec les ressources limitées dans la société d'accueil, les familles chinoises se débrouillent. Parmi les ressources limitées, demander l'aide de la famille élargie est une stratégie amplement pratiquée dans la communauté chinoise pour résoudre les difficultés liées à l'éducation de l'enfant. Les nouvelles familles immigrantes chinoises envoient souvent leur jeune enfant en Chine et demandent aux grands-parents de s'en occuper. Pour les familles qui vivent une situation plus stable, elles font venir les grands-parents pour partager les tâches de l'éducation des enfants. Cepenant, cette pratique amène d'autres problèmes quant au bien-être de ces ainés. À cause de la longue attente pour obtenir le statut d'immigrant, les grands-parents rentrent souvent au Canada avec un statut de visiteur. Cette situation les rend complètement dépendants de leur enfant qui a fait la demande et fragilise leur état de santé mentale. Ne parlant pas la langue de la société d'accueil, vivant un stress lié à la situation financière précaire de leur enfant, s'inquiétant de tomber malade sans assurances, vivant des conflits à l'intérieur de la famille avec la belle-fille, n'ayant pas de soutien dans la communauté, ces grands-parents sont amenés à vivre une situation de vulnérabilité importante comme l'isolement et la peur d'être abandonnés.

Notre expérience d'immigrante de la première génération, comme celle de la plupart des familles chinoises que nous avons rencontrées, nous aide à mieux comprendre les difficultés que celles-ci rencontrées au long de leur intégration à la société d'accueil et à étalir le lien de confiance. Nous réalisons également que les théories sur les problèmes psychosociaux et les méthodes d'intervention que nous avons étudiées dans le domaine du travail social sont généralement basées sur les expériences de peuples européens ou de leurs descendants dans la société industrialisée occidentale, et que ces expériences sont très différentes de celles des familles immigrantes chinoises avec qui nous travaillons. Il nous donc importe de tenir compte de ces écarts socioculturels dans nos interventions lorsque nous travaillons comme aidant, comme facilitateur et comme médiateur auprès des familles immigrantes chinoises durant leur processus d'intégration, tout en respectant leur cadre de référence, leurs capacités et leur façon de changer.

Annexe 1

Grille d'entrevue pour une rencontre interculturelle[20]

Données générales

- homme ou femme
- âge
- pays de naissance
- mariée ou célibataire
- enfants ou non
- au Canada depuis combien de temps
- au Québec depuis combien de temps
- langues parlées à l'arrivée
- langues parlées maintenant

Situation pré-migratoire

- où vivait la personne avant de venir au Canada
- quelle langue(s) parle t-elle
- niveau d'éducation
- travail ou profession avant de quitter le pays
- statut social (professionnel ou non, par exemple)
- la personne possédait-elle des biens (une maison, une voiture, par exemple)
- situation générale dans le pays d'origine: politique, économique, sociale
- la personne vivait-elle avec sa famille (frères, sœurs, parents, etc.) ou près d'eux
- situation qui a mené à la décision de quitter le pays d'origine
- difficultés ou non rencontrées pour l'obtention d'un visa pour le Canada
- qui est venu avec la personne
- qui a été laissé derrière
- pourquoi la ou les personne(s) ont-elles été laissées derrière
- la personne avait-elle déjà considéré immigrer au Canada

Situation migratoire

- conditions dans lesquelles la personne a voyagé
- le voyage a duré combien de temps
- comment s'est passé le voyage
- la personne a-t-elle transité par un autre pays avant d'arriver au Canada

---

[20] Marie Lacroix, 2003, Université de Montréal, cours SVS 2745

- combien de temps a-t-il été passé dans cet autre pays
- quelles étaient les conditions de vie dans ce pays
- difficultés particulières rencontrées pendant le voyage

Situation post-migratoire

- comment s'est vécue l'arrivée immédiate au Canada
- comment la personne a-t-elle été reçue/accueillie par les autorités d'immigration
- la personne a-t-elle été détenue
- quelles ont été les conditions de détention
- la personne est-elle arrivée en tant qu'immigrante ou réfugiée
- la personne est-elle arrivée avec un visa d'étudiant, d'investisseur étranger, d'immigrants indépendants, de travailleur domestique ou autre
- comment se sont-ils passés le premiers jours
- les premiers mois
- la personne a-t-elle choisi le Canada
- a-t-elle choisi le Québec
- où en est la personne dans son processus d'adaptation au pays (selon elle)
- quels ont été le ou les chocs culturels les plus saillants de son expérience
- si la personne est séparée de sa famille immédiate (conjoint(e) et/ou enfants), comment vit-elle cette situation
- cette séparation persiste depuis combien de temps
- la personne est-elle préoccupée pour la sécurité de ses proches? d'autres membres de sa famille?
- la personne travaille t-elle
- vit-elle de l'aide sociale
- comment vit-elle cette situation
- la personne avait-elle des projets spécifiques au niveau de son travail, sa profession avant d'arriver au Canada
- quelle était sa vison du Canada
- sa vision du Québec
- la personne a-t-elle des projets de retour à son pays d'origine
- la personne considère-t-elle s'établir à long terme au Québec
- pourquoi
- se sent-elle Québécois(e)
- pourquoi
- quels sont les éléments qui l'empêchent de se sentir chez elle, ou:
- quels sont les éléments qui facilitent ou ont facilité le fait qu'elle se sente chez elle
- qu'est-ce que la personne voudrait apporter à l'entrevue; qu'est-ce qu'elle voudrait que vous sachiez au sujet de son expérience
- le dernier mot

Annexe 2

L'évolution des interventions étatiques à l'égard de la protection de la jeunesse en Chine

Depuis 2000, plusieurs événements tragiques rapportés par les médias dans les pays occidentaux, surtout aux États-Unis, concernant l'application de la Loi de la protection de la jeunesse provoquent une réaction violente dans la communauté chinoise. De plus en plus de rapports révèlent des relations de plus en plus difficiles entre les parents et les enfants à travers des conflits culturels dans la vie familiale chez les immigrants chinois en Occident. Il s'agit de problèmes de communication entre parents et enfants, de rébellions, comme la fuite, d'enfants qui se soulèvent contre l'éducation traditionnelle chinoise stricte, de l'encadrement de la vie sexuelle des enfants, etc. Pour comprendre les écarts culturels concernant l'application de Loi de la protection de la jeunesse chez les Chinois dans la société occidentale, nous avons effectué une recension de la documentation sur le développement des interventions étatiques concernant la protection de la jeunesse en Chine (Hou, 2003).

Le système de l'intervention étatique dans le domaine de la protection de la jeunesse est un sujet assez récent pour le peuple chinois. En Chine continentale, la Loi de la protection de la jeunesse a été votée en 1991. Cette même année, la Chine a ratifié la Convention des Droits de l'enfant de 1989, adoptée par l'Assemblée générale des Nations Unies. En 2001, le gouvernement chinois a établi un *Cadre du développement des enfants (2001-2010).* Par ces travaux, l'autorité chinoise commence à légiférer sur les responsabilités de la famille et de la société quant à la sécurité et au développement des enfants, et elle commence à légiférer sur la façon de traiter les enfants dont les « droits légitimes » *(he fa quan yi)* sont compromis. À l'article 12, le PJ stipule qu'on peut priver du droit de garde des gardiens d'enfants lorsque ceux-ci n'assument pas leurs responsabilités à l'égard de leurs enfants ou que les droits légitimes de l'enfant sont compromis par eux. Mais comment et où placer ces enfants ? Selon la Loi civique, l'article 16 stipule que ce sont les unités de ces parents ou le Comité des citoyens ou encore le Comité du village qui doivent assumer ces responsabilités à l'égard de ces enfants. Évidemment, l'article 16 est peu appliqué, à cause de l'absence de ressources financières et de travailleurs professionnels, c'est-à-dire que l'État est absent pour placer ces enfants dont la sécurité et le développement sont compromis.

À Taïwan, la Loi du bien-être de l'enfant de 1989 et son amendement de 1993 accordent un fondement juridique à l'intervention de l'État dans la vie privée et à celle de la famille quand la sécurité et le développement des enfants sont compromis. La Loi propose des mesures plus concrètes comparées avec celles de la Chine continentale, comme le processus de signalement et de placement des enfants. Mais les mesures que l'État adopte le sont pour échapper à sa responsabilité, surtout au point de vue financier, et pour blâmer simplement les parents (Yu, 1999).

Annexe 3

Questionnaire au groupe de mères

Chinese Family Service of Greater Montreal with
Chinese Catholic Mission
Mothers Playgroup
满城妈妈互助活动小组
2004-03

In order to identify the needs of our clients and then provide qualified service, which can meet these needs well, we invite you to answer the following questions. You are not obligated to answer these questions. All the information contained in this questionnaire are confidential and will not be used for any purpose other than research or improving the quality of the services of Chinese Family Service of Greater Montreal.
为了进一步明确客户的需求并更好的提供可以满足这些需求的高质量服务，我们邀请您回答下列问题。您对任何问题的回答都是建立在自愿基础之上的。这份问卷中的所有信息都将是保密的，并且不会被用于研究和改进满城华人服务中心的服务以外的任何目的。

1. Please choose your age (year-old) 请选择您的年龄（岁）：

Under 20 以下	20-25	25-30	30-35	35-40	40-45	45-50	50-60	Up 60 以上

2. Please indicate the time of landing 请注明登陆时间: ______________________

3. Please choose the language(s) which you use 请选择您使用的语言:

Mandarin 普通话	Cantonese 广东话	French 法语	English 英语	Other 其它

4. Please indicate the age and sex of each of your children. 请注明您的小孩的年龄以及性别。

   Age: ____ Sex: ____ Age: ____ Sex:

   Age: ____ Sex: ____ Age: ____ Sex:

5. Did you go to CLSC before, for what service? 您是否去过 CLSC? 接受过什么样的服务?

____

____

____

6. Do you have daycare service for your children? Yes __ No __
   您是否为小孩找到了幼儿园? 是__ 否__

7. Are you single mother? Yes__ No__ 您是否是单身母亲? 是__ 否__

8. Do you raise your child/ren by your self in Canada? Yes__ No__
   Can you get help from extended family to raise your child/children? Who are they?
   您是否在加拿大独立抚养小孩? 是__ 否__
   在您抚养孩子的过程中能否得到其他家庭成员的帮助? 他/她们是谁?

____

____

9. Can you get any support or counsel advice about how to take care of your child from other sources? If yes, please indicate what are these sources. 您是否可以从其他渠道获得育儿方面的帮助或者建议? 请注明。

____

____

____

10. Please indicate the difficulties you identified in your life from the following choices. 您在生活中遇到过哪些困难?

    1) Language barriers 语言障碍
    2) Short of employment information 缺少就业方面的信息
    3) Bad financial situation 经济困难
    4) Short of health information 缺乏健康方面的信息
    5) Isolation 感到孤立
    6) Family related issues (e.g. Conjugal violence, Behavior issues of children, Communication difficulties between generations, etc.) 与家庭有关的问题（例如家庭暴力，孩子行为问题，父母与子女之间的沟通，等等。）
    7) Short of information about the development and education of children 缺少儿童成长和教育方面的信息
    8) Mental health 心理健康，例如需要倾诉
    9) Other difficulties 其他:

____

11. Please select the topics in which you are interested from the following choices. 请从下列论题中选择您感兴趣的。

Topics 论题	**Great interest 非常感兴趣**	**Some interest 有点兴趣**	**No interest 不感兴趣**
1) Related information and policies about children's enrollment to daycare 儿童入托方面的信息和政策			
2) Employment information 就业方面的信息			
3) Parenting knowledge and skills, e.g. how to communicate with children 育儿知识和技巧，例如，如何与子女沟通			
4) How to communicate with your children's school? 如何与孩子就读的学校交流？			
5) The Law of Youth Protection, the working procedure of youth protection centers and foster family project 儿童保护法、儿童保护局工作程序和寄养家庭计划			
6) Health of pregnant women and related services 孕期妇女保健及相关服务			
7) What is mental health? How to get the therapy services? 什么是心理健康及如何取得辅导服务？			
8) Housing policies 住房政策			
9) Recreation and cultural information 娱乐和文化咨询			
10) Government subventions 政府补贴			
11) Other topics 其他:			

12. Please indicate that you prefer to get information about our playgroup by which way 您希望通过我们这个互助小组采用哪种信息发布渠道？

- Internet 互联网
- Chinese newspaper 中文报纸
- Telephone 电话
- Others 其他 ______________________________

13. Please indicate your comments and expectations on our playgroup in the following section. 请提出您对我们这个互助小组的建议与期望。

____

____

____

____

____

Thank you very much for your time and cooperation! 非常感谢您的帮助！

Annexe 4

Collecte de données du questionnaire au groupe de mère

Results of the 22 questionnaires returned in the first phase of Mother Playgroup (from 2004-03-05 to 2004-04-09)

1. Age of mother: From 27 to 38
   - 27-30: 3
   - 31-35: 11
   - 36-38: 2

2. Age of child: From 0-11
   - 0-5: 20
   - 6-10: 2
   - 11-15: 2

3. Sex of child:
   - Female: 9
   - Male: 15

4. Number of children:
   - 0 child: 2
   - 1 child: 15
   - 2 children: 3
   - 3 children: 1

5. Have daycare or not:
   - Yes: 9
   - No: 9

6. Can get any support or advice about how to take care of children from other sources:
   - Yes: 14
   - No: 3
   - No answer: 5

   Detailed sources: friends, CLSC, Internet, group for pregnant women in Chinese, grandparents of child, Mom Club.

7. Have got services from CLSC or not:

Yes: 11

No: 11

Detailed services: OLO, group for pregnant women, nursery services, breast feeding, course, doctor, parents group.

8. Difficulties identified:

Lack of child development information:	13
Lack of employment information:	11
Lack of health and social service information:	11
Language barrier:	8
Isolation:	6
Family related issues:	3
Bad finance situation:	1

9. Interested topics:

	Very interested	**Some what interested**
Employment information	15	4
Daycare information	14	6
Communicate with school of children	13	4
Government subventions	12	5
Health and social services information	11	6
Parenting skills	10	4
Culture and recreation information	10	6
Youth protection	7	7
Group for pregnant women in Chinese	6	6
Housing information	6	5

10. The way preferred to distribute the information of the group:

By Internet:	16
By Chinese newspapers:	5
By telephone:	2

Bibliographie

A Chinese Canadian History : The Yip Sang Family. Sur http://collections.ic.gc.ca/yipsang/intro/index.html

Alaggia, R., Chau, S. et Tsang, A. K. (2001). Astronaut Asia Families: Impact of migration on Family Structure from the Perspective of the Youth. *Social Work Research and Education: An International Journal*. 2 (2).

Bankston, C. L. III et Zhou, M. (1995). Effects of minority-language literacy on the academic achievement of Vietnamese youth in New Orleans. *Social Education*, 68 (Jan), 1-17.

Baptiste, D. (1990). The treatment of adolescents and their families in cultural transition: Issues and recommendations. *Contemporary Family Therapy*, 12 (1) : 3-22.

Baptiste, D. A. (1993). Immigrant families, adolescents and acculturation: Insights for therapists. Dans Settles, B. H., Hanks, D. E. et Sussman, M. B. (Eds). *Families on the move : Migration, immigration, Emigration, and Mobility*. Binghamton, NY: The Haworth Press, Inc.

Battaglini, A. (2000). Pluralité sociale et pluralité des mots. Dans : *Culture, santé et ethnicité : vers une santé publique pluraliste*. Gravel, S. et Battaglini, A. (sous la direction de). Régie régionale de la santé et des services sociaux de Montéal-Centre. p.23-53.

Battaglini, A. (2000). Culture et santé. Dans : *Culture, santé et ethnicité : vers une santé publique pluraliste*. Gravel, S. et Battaglini, A. (sous la direction de). Régie régionale de la santé et des services sociaux de Montéal-Centre. p. 57-75.

Berger, P. L. et Huntington, S. P. (Eds). (2002). *Many globalizations : cultural diversity in the contemporary world*. New York; Toronto : Oxford University Press.

Bernier, N. et Turcotte, D. (2001). *Fondements théoriques et pistes d'action en intervention précoce*. Direction de la santé publique, de la planification et de l'évaluation du Bas-Saint-Laurent, Québec.

Bourhis, R.Y. (1994). Ethnic and Language Attitudes in Quebec. Dans Berry, J. W. et Laponce, J.A. (sous la direction de) *Ethnicity and Culture in Canada: The Research Landscape*. University of Toronto Press.

Chamberland, C. (1998) L'approche milieu dans les Centres jeunesse de Montréal : vers une nouvelle culture de l'intervention. *Défi jeunesse*. 4(3), 3-15.

Chamberland, C., Dallaire, N., Cameron, S., Fréchette, L., Lindsay, J., Beaudouin, G. et Hébert, J. (1996). *Promotion du bien-être et prévention des problèmes sociaux chez les jeunes et leur famille : portrait des pratiques et analyse des conditions de réussite*. Université de Montréal.

Chamberland, C., Dallaire, N., Hébert, J., Fréchette, L., Lindsay, J. et Cameron, S. (2000). Are Ecological and Social Models Influencing Prevention Practices? An Overview of the State of Affaires in Quebec for Child, Youth, and Family intervention. *The journal of Primary Prevention*. 21 (1), 101-125.

Chan-Yip, A. et Kirmayer, L.J. (1998). *Health Care Utilization and Child Care Practices among Chinese-Canadian Women in a Pediatric Practice*. Report of Culture & Mental Health Research Unit, Institute of Community & Family Psychiatry, Sir Mortimer B. Davis-Jewish General Hospital, Montréal.

Child, I.L. (1943). *Italian or American? The Second Generation in Conflict*. New Haven :Yale University Press.

Chiu, Y.-W. et Ring, J. M. (1998). Chinese and Vientnamese immigrants adolescents under pressure : Identifying stressors and interventions. *Professional Psychology : Research and Practice*, 29(5), 444-449.

Chu, C.R. (1989). L'interaction parent-enfant et son conséquence aux enfants. *Taiwan she hui xian xiang de fen xi (L'analyse des phénomènes sociaux au Taiwan)*. Yi, C.C. et Chu, C.R. (éd.) Nankang, Taibei, Taiwan. 1989, p233-234.

Clément, R., & Noels, K. (1991). Langue, statut et acculturation : Une étude d'individus et de groupes en contact. In M. Lavallée, F. Ouellet, & F. Larosse (sous la direction de), *Identité, culture et changement social :* Actes du 3e colloque de l'ARIC, Paris: L'Harmattan, p.315-326.

Commentaires familiales de la famille Yan (Yan si jia xun) (420-589 ap.J.C.) (Version chinoise).

Coleman, J. (1988). Social Capital in the Creation of Human Capital. *American Sociological Review*, S94 – S120.

Coleman, J. (1990). *Foundations of Social Theory*. Cambridge, Mass : The Belknap Press of the Harvard University Press.

Cohen-Émérique, M. (1993). L'approche interculturelle dans le processus d'aide. *Santé mentale au Québec*, 1993,XVIII, 1, 71-92.

Con, H., Con, R. J., Johnson, G., Wickberg, E. et Willmott, W. E. (1984). *De la Chine au Canada : Histoires des communautés chinoises au Canada.* L'édition originale en langue anglaise : From China to Canada : A History of the Chinese Communities in Canada. Ministre des Approvisionnements et Services Canada, Ottawa.

Côté, M. (2002). *Intervention sociale auprès de familles immigrantes du quartier Côte-de-Neiges.* Rapport d'analyse de pratiques, École de Service Social, Université de Montréal.

Christensen, C. P. (2003). Canadian Society: Social Policy and Ethno-Racial Diversity, Dans Al-Krenawi, A. et Graham, J. G. (sous la dir. de*), Multicultural Social Work in Canada*, Oxford University Press, Don Mills. P.70-97.

Dallaire, N. (1998). *Enjeux et voies d'avenir de la promotion /préention dans la configuration socio-economique actuelle.* Thèse de doctorat, École de service social, Université de Montréal.

Deubel, P. (2002). Théories sociologiques. Dans D'Agostino, S., Deubel, P., Montoussé, M. et Renouard, G. (sous la direction de), *Dictionnaire de Sciences économiques & sociales.* p.475-504.

Dien, D. S. (1983). Big Me and Little Me : A Chinese Perspective on Self. *Psychiatry*, 46, 281-286.

Dyson, L. L. (2001). Home-School Communication and Expectations of Recent Chinese Immigrants. Canadian Journal of Education. 26 (4): 455-476.

Fechan, K. (1989). Beyond a code of Ethics. *The Advocate*, February 1989, p.6

Fiorino, G. (1996). SAVI…SMI…SARIMM…quarante ans d'intervention sociale auprès des non-résidents, des immigrants et des réfugiés. *Intervention*, 103, 48-56.

Fukuyama, F. (2000). Social Capital. Dans Harrison, L.E. et Huntington, S.P.(sous la direction de), *Culture Matters*, New York : Basic Books, p.98-111.

Fuligni, A. J.(1998). Authority, Autonomy, and Parent-Adolescent Conflict and Cohesion : A Study of Adolescents From Mexican, Chinese, Filipino, and European Backgrounds. *Developmental Psychology*. 34(4), 782-792.

Gamlin, P. J., Berndorff, D., Mitsopulos, A. et Demetriou, K. (1994). Multicultural Education in Canada from a Global Perspective. Dans Berry, J. W. et Laponce, J.A. (sous la direction de) *Ethnicity and Culture in Canada: The Research Landscape.* University of Toronto Press.

Gay, D. (1985). Réflexions critiques sur les politiques ethniques du gouvernement fédéral canadien (1971-1985) et du gouvernement du Québec, *Revue internationale d'action communautaire*, 14/54.

Gordon, M. (1964). Assimilation in American Life. New York : Oxford University Press.

Gouveïa, J.-L. (1994). La famille issue d'une communauté culturelle: une famille qui participe aux réalités de la famille québécoise de souche. *Comprendre la famille.* Actes du 2e symposium québécois de recherche sur la famille. Pronovost, G. (sous la direction de), P.U.Q.

Gouvernement du Québec, Développement culturel et scientifique. (1981). *Autant de façon d'être Québécois.*

Granet, Marcel.(1951). *La religion des chinois.* Paris, Presse universitaires de France.

Gravel, S. (1994). Adaptation culturelle des programmes de santé et de services sociaux. dans Ministère des Affaires internationales, de l'Immigration et des Communautés culturelles, *Actes du colloque: L'accueil et l'intégration des nouveaux arrivants à Montréal: une responsabilité à partager,* Montréal, Ministère des Affaires internationales, de l'Immigration et des Communautés culturelles, p. 106-110.

Grinberg, L. and Grinberg, I. (1989). *Psychoanalytic Perspectives on Migration and Exile.* New Haven, CT : Yale University Press.

Guay, J. (1996). L'approche proactive : rapprocher nos services des citoyens. *NPS*, vol. 9, n.2, 1996, p.34-48

Guillaumin, C. (1972). *L'idéologie raciste: Genèse et language actuel.* Mouton, La Haye, Paris.

Handbook (2001), document du Centre jeunesse de Batshaw, Batshaw Foster Family Association (FFA).

Harvey, J. (1993). L'intégration des immgrants. dans *Traité des problèmes sociaux*, Institut québécois de recherche sur la culture, Montréal.

He, C. C. (1990). Shan ao shang de zhong guo (La Chine sur la vallée). Gui guan Press, Hongkong.

Helly, D. (1987). Les chinois à Montréal (1877-1951). Institut québécois de recherche sur la culture, Québec.

Heneman, B., Légault, G., Gravel, S., Fortin, S. et Alvarado, E. (1994). *Adéquation des services aux jeunes familles immigrantes,* Montréal, Université de Montréal et Direction de la santé publique, 149 p.

Henslin,J. M. et Nelson, A. (1997). *Essentials of sociology: a down-to-earth approach (Canadian ed.)*, Allyn & Bacon, Scarborough.

Hou, B.J. (2002). Apprentissage entre mots et sons : apprentissage de la langue française par les Chinois. Non publiée.

Hou, B.J. (2003). Une perception interculturelle sur l'application de la LPJ auprès de la communauté chinoise. Non publiée.

Huntington, S. P. (1996). *The clash of civilizations and the remaking of world order*. New York : Simon & Schuster.

Johnson, G. (1992). Ethnic and racial communities in Canada and problems of adaptation: Chinese Canadians in the contemporary period, *Ethnic Groups*, 9, 151-174.

Jacob, A. (1992). Services sociaux et groupes ethnoculturels. *Nouvelles pratiques sociales*, 5(2), 37-49.

Jung, M. (1984). Structural Family Therapy: Its Application to Chinese Families. *Family Process*, Vol. 23 September, 1984, p.365-374.

Lacroix, M. (2006). Social work with asylum seekers in Canada: The case for social justice, *International Social Work*, 49(1):19-28.

Lambert, R. (1996). *Intervention interculturelle dans le contexte de la loi sur la Protection de la jeunesse*. Rapport de stage de maîtrise, École de service social, Université de Montréal.

Lamoureux, H., Lavoie, J., Mayer, R. et Panet-Raymond, J. (2002). *La pratique de l'action communautaire,* Québec: La Presse de l'Université du Québec.

Landau-Stanton, J. (1985). Adolescents, families, and cultural transition: A treatment model. Dans Mirkin, A. et Koman, S. (eds). *Handbook of adolescents and Family Therapy*. NewYork : Graner Press.

Laperrière, A. (1983). L'intégration socio-scolaire des enfants immigrants dans les écoles de milieux socio-économiquement faibles : une recherche exploratoire. Conseil de l'île de Montréal, Montréal.

LaRochelle, J. (1999). *L'identité transnationale et l'installation des chinois du vietnam à Montréal.* Mémoire à Université de Motréal, Département de l'anthropologie.

Legault, G. et Fortin, S. (1996). Problèmes sociaux et culturels des familles d'immigration récente. Perceptions des familles et des intervenants. Dans Alary, T. et Ethnier, L. (sous la direction de), *Comprendre la famille : actes du 3e Symposium québécois de recherche sur la famille.* P.U.Q., p. 411-433.

Legault, G. (2000). Québec, société multiethnique. Dans Legault, G. (sous la direction de), *L'intervention interculturelle.* Boucherville, Gaetan Morin Éditeur. p. 41-50.

Le Projet Bien-être de la famille (The Family Wellness Project). Série de 10 bulletins vulgarisés sur *La promotion du bien-être de la famille et la prévention des mauvais traitements infligés aux enfants.* Prilleltensky, I., Peirson, L., Nelson, G., Cameron, G., Peters, R., Connors, E., Maidman, F., Laurendeau, M.C., Chamberland, C. En français et en anglais. Programme de partenariats en développement social, Développement des ressources humaines Canada, 1999.

Le système social – le système familial et les tissus sociales dans *l'Histoire du développement sociale de la Chine*, Vol. 1, Taiwan jin dai zhong guo Press, Taiwan, 1985.

Li, F. L. et Findlay, A. (1996) Placing identity: interviews with Hong Kong Chinese immigrants in Britain and Canada, *International Journal of Population Geography,* 2, 361-77.

Li, P. S. (1988). *The Chinese in Canada.* Oxford University Press, Toronto.

Li, P. S. (1998). *The Chinese in Canada.* Oxford University Press, Toronto.

Li, P. S. (sou la direction de). (1999). *Race and Ethnic Relations in Canada.* Deuxième édition, Oxford University Press, Don Mills.

Lin, C. C. et Fu, V. R. (1990). A Comparison of Child-rearing Practices among Chinese, Immigrant Chinese, and Causasian-Amarican Parents. *Child Development.* 61, 429-433.

Lynch, E. W. (1992). From culture shock to culture learning. dans E. W. Lynch & M.J. Hanson (sous la direction de), *Developing cross-cultural competence : A guide for working with young children and their families*, Baltimore, MD :Paul H. Brookes Publishing, p. 19-34.

McAndrew, M. (1988). Les relations école/communauté en milieu pluriethnique montréalais. Conseil scolaire de l'île de Montréal, Montréal.

Messier, C. Doray, M. et Parisien, D. (1992). *Profil pluraliste des jeunes en difficulté d'adaptation suivis par les centres de réadaptation.* Recherche en collaboration de la Commission de protection des droits de la jeunesse : Association des centres d'accueil du Québec, Québec.

Messier, C. et Toupin, J. (1994). *La clientèle multiethnique des centres de réadaptation pour les jeunes en difficulté.* Recherche du Service des communications de la Commission de protection des droits de la jeunesse, Québec.

Ministère des Communautés culturelles et de l'Immigration (1990). *Au Québec, pour bâtir ensemble, Énoncé de politique en matière d'immigration et d'intégration.*

Mitsopulos, A. (1989). *Ethnic Identit Among Second-Generation Greek-Canadian Adolescents,* mémoire de maîtrise inédit, Université de Toronto.

Morin, C. (1988). Besoins éducatifs des enfants de milieux défavorisés d'origine allophone (niveau préscolaire). Conseil scolaire de l'île de Montréal, Montréal.

Morris, M. (2002). *La recherche-action participative : un outil pour le changement social!,* ICREF/CRIAW, Ottawa.

Pimpaneau, J. (1989) *Histoire de la littérature chinoise.* Édition Philippe Picquier, Paris.

Portes, A. et Zhou, M. (1993). The New Second Generation : Segmented Assimilation and its Variants among Post-1965 Immigration Youth. *Annals of the American Academy of Political and Social Science*, 530, p.74-89.

Pransky, J. (1991). *Prevention: the critical need.* Springfield: Bunell Foundation, 386p.

Retting, M.A. (2002). Cultural Diversity and Play from an Ecological Perspective, *Children and Schools*, 24(3), p.189- 199.

Roy, G. et Montegomery, C. (2003). Practice with Immigrants in Quebec, Dans Al-Krenawi, A. et Graham, J. G. (sous la dir. de*), Multicultural Social Work in Canada*, Oxford University Press, Don Mills.

Shang, X. Y. et Wu, X. M. (2003). The changing Role of the State in Child Protection : The Case of Nangchang. *Social Service Review*, December. The University of Chicago, p.523-540.

Sue, D.W. (1994). Asian-American mental health and healp-seeking behavior : Comment on Solberg et al. (1994), Tata and Leong (1994), and Lin (1994). Journal of Counseling Psychology, 41, 292-295.

Sue, D.W. et Sue, D. (1999). Counseling the culturally different : Theory and practice (3rd ed.). New York :Wiley.

Sung, B.L. (1987). The Adjustment Experiece of Chinese Immigrant Children in New York. Staten Island, NY : Center of Migrant Studies.

Tan, J. et Roy, P. E. (1985). *The Chinese in Canada,* Ontario Institute for Studies in Education.

Terrisse, B., Trottier, S. et Chevarie, D. (1994). Valeurs éducatives parentales, origine ethnique et classes sociales. Dans *Comprendre la famille : actes du 2e Symposium québécois de recherche sur la famille.* Saint-Foy, P.U.Q., p. 223-259.

Toseland, R. W. and Rivas, R. F. (2001). *An introduction to Group Work Practice.* (4th ed.) Allyn and Bacon, Needham Heights, United States.

Tsai, J. H. (2003). Contexualizing Immigrants' Lived Experience : Story of Taiwanese Immigrants in the United States. *Journal of Cultural Diversity*. Fall 2003.

Uba, L. (1994). Asian Americans: Personality patterns, identity, and mental health. New York: Guilford Press.

Vachon, R. (1988). Pour être maître chez soi, faut-il être maître des autres?, Dans Association pour l'éducation interculturelle du Québec (APEIQ), *Actes du colloque L'école québéquoise dit oui à l'éducation interculturelle*, Montréal.

Wang, G.W. (1991). *China and the Chinese overseas*. Singapore, Times Academic Press.

Wall, K. (2004). Immigrant Families : Managing Work and Care for Young Children. Dans le projet : *New Kinds of Families, New kinds of Social Care* (SOCCARE Project). http://www.uta.fi/laitokset/sospol/soccare

Weber, M. (1923). *La religion chinoise : Confucianisme et Taoïsme*. Traduction française, 2000, Paris.

Warner, W. L. et Srole, L. (1945). The Social Systems of American Ethnic Groups. New Haven, CT : Yale University Press.

Wolfgang, A., & Josefowitz, N. (1978). Chinese immigrant value changes with length of time in Canada and value differences compared to Canadian students. *Canadian Ethnic Studies*, 2, 130-135.

Wu, Y. (1995). La conception de l'autorité et les comportements des parents chinois : l'analyse comparé de l'éducation familiale chez le peuple chinois en Chine et celle aux pays étrangers. *Zhong guo ren de guan lian yu xing wei (Les croyances et les comportements du peuple chinois)*. Qiao, J. et Pan, N.G. (éd.), Tain jin ren ming Press, Chine, p. 340-352.

Yang. (1961). *Religion in Chinese Society*. Berkeley : University of California Press.

Yang, H. J. (1993). Communication patterns of individualistic and collective cultures: A value based comparison. (ERIC Document Reproduction Service No. ED 366 032).

Yang, K.S. (1988a). Chinese filial piety: A conceptual analysis. Dans: Zhong Guo Ren De Tui Bian (*The metamorphosis of the Chinese people*). Taipei, Tanwan: Guiguan . (In Chinese).

Yeh, C. (2002). Difficulties and Coping Strategies of Chinese, Japanese and Korean Immigrant Students: Statistical Date Included. *Adolescence*. Spring 2002.

Yu, H. Y. (1999). « Er tong nue dai : jie lu bian diao de qing zi hu dong zi hou » (*Les maltraitance aux enfants : que fait-on après le signalement?*) dans le Forum sur les problèmes sociaux à Taiwan organisé par le Comité de la recherche sur les problèmes sociaux de la Centre de recherche à Taiwan, septembre 1999.

Yue, Q. (1994). Traditional Family Ethics and Family Education. *Sociological Research*, Vol.1, 1994, Benjin.

Zhou, M. (1997). Social Capital in Chinatown: the Role of Community-Based Organizations and Families in the adaptation of the Younger Generation. Dans Wois, L. et Seller, S. M. (Eds). *Beyond Black and White: New voices, new faces in the United States school*. P.181-205.

Zhou, M. (1997). Growing Up American: the Challenge Confronting Immigrant Children and Children of Immigrants. *Annual Review Sociology*, 23: 63-95.

Zhou, M. et Bankston III, C.L. (1994). Social Capital and the Adaptation of the Second Generation : The Case of Vietnamese Youth in New Orleans. *International Migration Review*, 28 (4), p.821-845.

Zhou, M. et Wang, X. H. (2000). A Historical Look at the Chinese-American Elite Groups: Cohesion, Conflicts, and the Paradox of Chinese Ethnicity (in Chinese). *Sociological Research*. 89(5), 48-63.

Zhuang, Y. J. et Yang, K. S. (1989). Chuan tong xiao dao de bian qian yu shi jian : yi xiang she hui xue zi tan tao (L'évolution de la culture de la piété filiale et la pratique: une recherche psychosociale). Dans : *Zhong guo ren de xin li yu xin wei (La psychologie et les comportements du peuple chinois)*, Yang, K.S. et Huang, G.G.(sous la direction de). Gui guan Press, Taibei, Taiwan.

Société canadienne de pédiatrie (2021). Guide pour les professionnels de la santé œuvrant auprès des familles immigrantes et réfugiées. *Les soins aux enfants néo canadians*. Récupéré de https://www.enfantsneocanadiens.ca/culture/adaptation

Printed by Books on Demand GmbH, Norderstedt / Germany